汉语国际推广多语种大连基地规划项目
编委会成员名单

主 任 委 员： 许　琳（国家汉办主任）

副主任委员： 孙玉华（大连外国语学院院长）

　　　　　　　李树森（辽宁省教育厅副厅长）

　　　　　　　马箭飞（国家汉办副主任）

编委会成员： 赵忠德（大连外国语学院副院长）

　　　　　　　杨金成（国家汉办师资处处长）

　　　　　　　杨俊峰（大连外国语学院院长助理）

　　　　　　　潘先军（大连外国语学院汉学院副院长）

　　　　　　　周玉琨（大连外国语学院文化传播学院院长）

执 行 总 编： 孙玉华

执行副总编： 赵忠德、潘先军、周玉琨

外 国 专 家： 西香织（博士），日本北九州市立大学外语学院汉语系

　　　　　　　崔桓（博士、教授），韩国岭南大学中国语言文化学部

　　　　　　　Александр Бочкарёв（Alexandr Bochkarev，博士）

　　　　　　　俄罗斯阿穆尔国立共青城师范大学外语学院

国家汉办汉语国际推广基地规划项目

GO FOR CHINESE
Elementary Level

目标汉语 基础篇

刘川平 主编　王端 编著

北京大学出版社
PEKING UNIVERSITY PRESS

图书在版编目(CIP)数据

目标汉语. 基础篇. 5 / 刘川平主编. —北京：北京大学出版社, 2010. 11

ISBN 978-7-301-17810-2

Ⅰ. 目… Ⅱ. 刘… Ⅲ. 汉语–对外汉语教学–教材 Ⅳ. H195.4

中国版本图书馆 CIP 数据核字 (2010) 第 183132 号

书　　名：	目标汉语　基础篇 5
著作责任者：	刘川平 主编　王　端 编著
责 任 编 辑：	孙　娴（suzannex@126.com）
标 准 书 号：	ISBN 978-7-301-17810-2/H·2644
出 版 发 行：	北京大学出版社
地　　　　址：	北京市海淀区成府路 205 号　100871
网　　　　址：	http://www.pup.cn
电　　　　话：	邮购部 62752015　　发行部 62750672　　编辑部 62754144
	出版部 62754962
印　刷　者：	世界知识印刷厂
经　销　者：	新华书店
	787 毫米 × 1092 毫米　　16 开本　　13.25 印张　　223 千字
	2010 年 11 月第 1 版　　2010 年 11 月第 1 次印刷
印　　　　数：	0001–3000 册
定　　　　价：	48.00 元（含 MP3 盘 1 张）

未经许可，不得以任何方式复制或抄袭本书之部分或全部内容。
版权所有，侵权必究
举报电话：010-62752024　　电子信箱：fd@pup.pku.edu.cn

前言

这是一套供零起点和学过一些汉语的外国学生使用的基础阶段综合课教材，既适合长期进修相对强化教学模式的要求，也可用于一般长期进修教学、短期培训教学和自学。本书的编写原则是：以话题为引导，词汇为重点，语法为骨架，功能为辅助，文化为蕴含，练习为主体，迅速提高交际能力为终极目标。

一、主要特点

1. 可靠的科学性。本书适用的基础阶段，包括一般所说的初级阶段和中级阶段的上半期。语法项目主要依据《高等学校外国留学生汉语教学大纲——长期进修》（下称《教学大纲》），涵盖初级主要语法项目和部分中级语法项目，作为教材的结构框架。词汇主要依据《汉语水平词汇与汉字等级大纲》，包括甲、乙级词的绝大部分，丙级词的一部分以及少量丁级词，同时吸纳了一批反映社会和语言发展、使用频率较高的新词语。此外，从《教学大纲》的功能项目中选取了与基础阶段相适应的内容。

2. 相对的强化性。长期进修是一种"准常规语言教学"，它既追求语言知识的相对系统性，又兼顾语言技能的全面性和熟练程度。为此，本书努力体现该教学"输入大于输出"和大运动量的相对强化教学的特点。一是确保足够的输入量，表现在课文形式和字数，词汇、功能项目、句式及文化因素的数量等各个方面；二是确保足够的训练强度，表现在课文，特别是练习中的教学手段多样化、交际化和有效练习的大密度编排。

3. 编排的层级性。本书由低到高分为八个层级，各层级间既相互区别又紧密关联。形式上由简单到复杂：课文由简短对话到长句，再到短文；课文长度由100字增至700字以上；词汇量由第一层级的345词增至第八层级的653词。内容上循序渐进：前四个层级以校园学习和生活为主，后四个层级逐渐过渡到以社会生活为主；相关话题的表达和词语难度在不同层级也呈循环叠加、螺旋上升式分布。

4. 充分的交际性。作为教学的基本依据，助推课堂教学过程交际化是本书的着力点之一。表现在：话题选择尽量做到贴近现实生活和学习者的关注点；对话贯穿课文始终；每课提出若干具有交际性的常用句型；练习中既有功能和多技能训练的内容，也有各种限定范围和模拟情境的操练，尤其是专门安排了交际任务，以利"用中学"和交际能力的培养。

5. 全面的实用性。实用性是本书的根本出发点和落脚点。对学习者，通过有限的学习时间能够掌握基础阶段和部分中级阶段的语言要素、功能项目和语用条件，满足他们尽快提高交际能力的迫切愿望；对教师，本书多视角的话题、丰富的内容、简洁的语法说明、多样而大量的练习项目，都为教学准备和课堂组织提供了便利。此外，多层级设计增强了适应性，不同汉语基础和学习时间的使用者可以各取所需。

二、结构设计

1. 全书按八个层级分为 8 册，每册 10 课，共 80 课。此外，基于对零起点学生集中进行语音训练的必要性，第一册专门设有"汉语拼音基础"课程。

2. 每课包括课文、常用句、生词语、语言点（含基本句和重要词语用法）注释、操练与交际等。每册安排一套全覆盖的自测题。

3. "操练与交际"在全书所占比重最大。包括语言要素、语言技能、交际功能三大类练习。具体项目各册既有共性，又具个性特点。各册共有的如：

（1）语言要素练习：语音部分的辨音辨调、熟读短语、朗读句子。词语部分的生词填空、组成短语、连线、选词填空等。句法部分的模仿性句型操练，如重复、替换；理解性的完成句子、连词成句、改写句子、改错等。

（2）技能训练：完成对话、回答问题、模仿、阅读、写作等。

（3）交际功能：功能对话、自由表达、完成交际任务（包括"准任务"和"真任务"）。

此外，根据学习进度，各册分别安排了若干不同的练习，共计 30 余种。

4. 每册起首列出该册课文的主要人物，大多数人物贯穿 8 册始终。每册末尾附有生词及专名索引。

5. 第 1、2 册课文配有汉语拼音对照。第 1 册标注于汉字下，第 2 册列于课文后。

6. 翻译：为便于学习，正文的"汉语拼音基础"、语言点、生词，以及前四册练习项目均配有英文翻译；此外，生词总表配有日、韩、俄文对译。

三、教学目标

本书名为《目标汉语》，意在提示使用者：只有始终明确自己的目标并为之而努力，才能取得成功。

1. 总体目标。通过本书的教学，使学习者学习 4000 余个词语、《教学大纲》初级和部分中级语法项目、相应的功能项目和文化知识，完成若干交际任务。听、说、读、写技能全面达到《教学大纲》中等阶段前半段的目标要求，综合运用汉语的能力得到迅速提升。

2. 层级目标。每册具体教学目标如下表：

册 \ 项目	生词语	语言点	功能点	交际任务
1	345	41	21	15
2	384	39	11	13
3	447	41	23	16
4	471	31	29	12
5	530	53	17	11
6	538	38	22	10
7	642	58	23	12
8	653	49	41	11

四、使用建议

1. 教学进度。本书作为综合课教材，用于长期进修相对强化教学模式的教学时间为 1 学年，每学期学习 4 册。为确保教学效率，建议第一学期教学时间每周 16 课时，第二学期每周不少于 14 课时。其余课时可配以相应的听力、口语教学。

用于一般的长期进修教学，教学时间可适当延长（例如3个学期）；用于短期培训和自学，宜根据不同需要选择教材的一部或全部，教学时间亦可灵活安排。

2. 生词和语言点。本书生词分布在课文和练习（主要是阅读练习）中，其词义、词性基本上按照课中的语境确定；语言点及其注释一般也与当课的用法一致。多词性、词义的生词和多用法的语言点，其未出部分一般留待后面出现时再列。这就要求词汇和语言点的教学分步、循序进行，而不宜毕其功于一课。

3. 功能与交际。常用句和功能会话提供了功能与结构相结合的素材，教学中应当予以重视。完成交际任务是本书的一个特点，在试用过程中，很受学生欢迎。需要注意的是，为适应任务教学法，教师的指导作用应主要体现在布置任务、提示方法和完成任务之后的检查、总结之中。

4. 教材的处理。本书旨在为教学提供一个结构特点鲜明、内容丰富多样、便于操作的平台，但不提倡刚性照搬，相反，允许针对不同教学模式和教学对象对其加以调整或补充。

五、几点说明

1. 本书是基于我们多年开展长期进修相对强化教学的探索和体验，吸取前贤的丰厚成果，积5年努力和集体智慧编写完成的。本书也是国家汉办科研规划项目和汉语国际推广多语种大连基地教材规划项目的成果之一。

2. 本书编写分工：

主编：刘川平，主持长期进修相对强化教学的理论研究与教学实践；在此基础上提出教材总体构思并制定编写大纲；组织教材的编写、试用并统改全部书稿。

编者：第1册：王松岩、刘川平。

第2册：王松岩。

第3册：郑桂芬、杨洁。

第4册：杨洁、郑桂芬。

第5、6册：王端。

第7、8册：陈子骄。

英文翻译：隋荣谊。

其他翻译：郝卓（日文）、胡倩（韩文）、赵辉（俄文）。

3. 在本书编写、试用和出版过程中，得到专家、同行的指导和北京大学出版社的鼎力支持。资料信息选自方方面面，虽尽最大努力与原作者取得联系，限于各种原因仍有部分未能如愿。在此对以上各方一并谨致谢忱！

一部教材是否合用，有赖于实践检验。热诚期待来自使用者和业内人士的批评和意见。

主　编：刘川平

Preface

This book series is a foundational comprehensive Chinese textbook for international students, beginners or those who have learned some Chinese. It is fit not only for the requirements of the long-term refresher study or the teaching mode of relative reinforcement training, but also for the general long-term refresher teaching program, short-term training program and self-study. The principle of compiling this book series is to improve the learners' communicative ability rapidly as the final target. Therefore, we apply the following means when compiling the book: Taking topics as guidance; vocabulary as focal point; grammar as the frame, function as supplementation; culture as inside information; practice as principal part.

1. Major Features

1.1 Reliable scientific approach. This basic Chinese textbook includes the elementary and the first half of intermediate level. Based on *Syllabus for Chinese Courses for International Students at Chinese Colleges and Universities —Long-term Refresher Course* (hereafter referred to as *Syllabus*), this book series mainly covers grammar items of the elementary and part of the intermediate levels with which we frame this book. Based on *Chinese Language Proficiency Standard and the Character Entries and Graded Character List*, the book series covers most vocabularies of Level A and B, and part of Level C, as well as a small amount of Level D. We also collect a number of highly used new words which reflect social and language development. In addition, we also select functional items suitable for the elementary level from *Syllabus*.

1.2 Relative intensiveness. Long-term refresher course is a "quasi-conventional language teaching", which pursues both the relative systemic

language knowledge and comprehensive skills and proficiency in using language. Therefore, the methodical approach we adhere is "larger input than output," and the characteristic of this book serise is large amount of exercise of relatively intensive teaching. First, to ensure adequate input, this is displayed in the form of texts and the amount of words, the vocabulary, the functional items, sentence structure and cultural factors, and the like in other aspects. Secondly, to ensure adequate intensive training, this is displayed in the texts, and in the exercises in particular, in which we apply diverse means of teaching, and effective communication and a large amount of exercises.

1.3 The hierarchy of compiling this book series. The book series is divided into eight levels from low to high. They are different from each other but closely related. As to the form, we adhere to the principle of from simple to complex: the texts are composed of brief conversations, long sentences and then short passages; the length of the text from 100 words to 700 words or more; vocabulary from the first level of 345 words to the eighth level of 653. The degrees of difficulty of the content develop gradually: the former four levels are based on life and study on campus, and the latter four levels develop gradually to social life mainly; the degrees of difficulty of the related topics, and words and the expressions develop in a cycle, recurring and spiral distribution.

1.4 Fully communicative. As the fundamental basis for teaching, boosting communicative process in class is one of the focuses of this book series, which displays as follows: topics selected are close to day-to-day life and to the learners' interest as much as possible; dialogues run through texts; in each lesson we have a number of common communicative patterns; in exercises, we arrange both functional and multi-skills training, and the practice with limited scope and under simulated conditions, especially special communication tasks in order to help develop interpersonal ability and be benefit from "learning from practice".

1.5 Comprehensive practicality. Practicability is the fundamental starting point and end point of this book series. Within limited learning time, the learners have to master those language elements at the basic stage and some at the intermediate stage: functional items and pragmatic conditions as soon as possible to meet their urgent desire for communicative competence; wide range of topics, content rich in meaning, simple explanations to the grammatical structures, varied exercises facilitate teachers in preparing their lesson and teaching in classroom. In addition, the multi-level design enhanced the applicability, and the users at different level and for a long or short time spent may learn what they want.

2. Structural Design

    2.1   The book series is divided into eight volumes according to eight levels. In each volume there are 10 lessons, and 80 lessons altogether in the book. Besides, based on the need for focusing pronunciation training to the beginners, we arrange Basic Chinese *Pinyin* in Volume One as an independent section.

    2.2   Each lesson consists of text, sentences in common use, new words and expressions, notes to the language points (including basic sentence patterns and usage of important words and phrases), exercise and communication. And there is an Evaluation Paper, which covers what have been learned in each volume.

    2.3   "Practice and Communication" occupy the largest proportion of the book series. They include three aspects: language elements, language skills, and communication. There exist common features and specific characteristics among each volume of the book, such as:

    A. Language elements practice: in the section of pronunciation, distinguish the sounds, read aloud the phrases, and read aloud the sentences; in the section of words and expressions, fill in the blanks with new words; make up phrases, linking, choosing the words to fill in the blanks; in syntax structure, imitation practice like repetition and substitution; in understanding, complete sentences, make sentences by linking the

      words or phrases, rewrite sentences, and correct mistakes and etc..

  B. Skills training: complete dialogues, answer questions, imitate, reading, and writing and etc.

  C. C ommunication: functional communications; free talk, fulfill tasks (including the "quasi-tasks" and "real tasks").

In addition, according to the learning schedule, we also compile more than 30 exercises of different kind distributed in each volume.

  2.4 The main characters appeared in the texts are listed at the front of each of volume. Most of them run through the book from Volume One to Volume Eight. Vocabulary (Index of New Words and Proper Nouns) is attached to the end of each volume.

  2.5 In Volume One and Two, the texts are dubbed with Chinese *Pinyin*, Volume One under each character, and Volume Two at the end of each text.

  2.6 Translation: for the convenience of study, the part of Basic Chinese *Pinyin*, language points, notes, new words and the exercises in the former four volumes are matched with English. Besides, the vocabulary at the back is matched with Japanese, Korean and Russian.

3. Teaching Objectives

    The name of this book series is Go For Chinese, which means learners must keep it in mind that only by knowing what objective you want to gain throughout and working hard at it, can you successfully obtain it.

  3.1 The global objective. Teaching by way of using this textbook series, learners will learn 4000 new words and expressions, grammar items of elementary and part of intermediate level in *Syllabus*, related functional items and cultural knowledge, and can fulfill some communicative tasks. Learners are expected to achieve the first half goal of intermediate level in the skills of listening, speaking, reading, and writing required in *Syllabus*. The comprehensive ability of using the language will be elevated promptly and greatly.

  3.2 Objectives at each level. The objectives of each volume are as follows in the Chart:

Volume \ Items	New Words and Expressions	Language Points	Functional Items	Communicative Tasks
1	345	41	21	15
2	384	39	11	13
3	447	41	23	16
4	471	31	29	12
5	530	53	17	11
6	538	38	22	10
7	642	58	23	12
8	653	49	41	11

4. Tips for User

4.1 The schedule of teaching. As a comprehensive textbook, we suggest that this book series be used for a whole academic year for the long-term refresher study or the teaching mode of relative reinforcement training, each academic term 4 volumes. In order to ensure the efficiency of teaching, 16 hours of teaching per week is proposed for the first term, and no less than 14 hours per week for the second term. Teaching of listening and speaking covers the rest of the academic teaching hours.

For the general long-term refresher teaching program, the time of teaching can be prolonged (three terms for example); for short-term training program and self-study, the whole or part of the textbook can be selected accordingly, and the time of teaching can be flexibly arranged.

4.2 New words and language points. The new words are arranged in the texts and exercises (mainly in reading comprehension). The meaning and the parts of speech of the new words are basically in accordance with the context of situation in the text; the explanations to the language points and notes to the text are based on the usages in the text. As to the other usages or meanings of

the new words will be explained when they are used in that context of situation. Thus it requires new words and language points be listed and illustrated step-by-step in a progressive way, and should not be complete at one time.

4.3 Function and communication. Useful sentences and functional communication provide us comprehensive teaching materials with function and structure combined and should be focused on in teaching. Communication task is a feature of the book, which, in the trial process, has been popularly complimented by the students. It should be noted that in order to meet task-based teaching methods, the guiding role of teachers' should be laying out tasks, prompt them, check after the completion of the task and summarize how well they have done.

4.4 How to use the textbook. The book series aims to provide a platform for teaching with features of clear structures, rich and varied content, and easy to operate. We strongly oppose the way of rigid copy. We advocate the revision, adjustment or supplement be made to it according to different teaching modes and different levels of students.

5. Some Explanatory Notes

5.1 Based on our years of probing into the long-term refresher study and relatively intensive teaching experience, we have assimilate the rich achievements of those profound scholars and compiled this book with five years of hard working and boiled wisdom of all faculties. This is also an outcome of the scientific research project of the OCLCI, and one of the projects of the Teaching Material Planning of the Dalian Multi-lingual Base of Chinese Language Council International.

5.2 The division of compiling this book series:

Compiler-in-Chief: Chuanping Liu, is in charge of probing into the long-term refresher study and relatively intensive teaching both theoretically and practically, based on which he put forward the overall idea and listed an outline for compiling the book; and in charge of compiling, trial and correcting and improving all manuscripts.

Compilers: Volume I: Songyan Wang; Chuanping Liu
Volume II: Songyan Wang
Volume III: Guifen Zheng; Jie Yang
Volume IV: Jie Yang; Guifen Zheng
Volume V and VI: Duan Wang
Volume VII and VIII: Zijiao Chen

English Translator: Rongyi Sui

Other Translator: Zhuo Hao (Japanese); Qian Hu (Korean); Hui Zhao (Russian)

5.3 We hereby would like to express our sincere thanks to those experts and peers who have given us suggestions while compiling, trying and publishing the book, to Peking University Press who has given us great support in publishing this book, and also to those whose materials or data we have consulted or selected. Though we have tried our best to get in touch with all the original authors, limited to a varied of reasons, some we failed to.

If a textbook is applicable, it has to be tested through practice. We earnestly invite the users of this book series and those who are specialized in this field to put forward their criticism and suggestions.

Chief Compiler: Chuanping Liu

本册主要人物

田中正龙
男，32岁，日本某公司职员，在中国短期进修汉语。

高桥朋子
女，21岁，日本留学生，来自日本某大学历史系。

爱　米
女，20岁，美国留学生，来自美国某大学艺术系，性格活泼。

山本信一
男，27岁，日本留学生，来自日本某大学，东亚经济专业硕士二年级。

大　卫
男，22岁，意大利留学生，来自意大利某大学中文系三年级，热情开朗，喜欢运动。

李小兰
女，22岁，中国某大学英语专业学生，张云和李书文的女儿。

于自强
男，22岁，中国某大学英语专业学生。

孙　明
男，21岁，中国某大学日语专业学生。

张　云
女，48岁，中国某大学汉语学院汉语教师。李小兰的妈妈，李书文的妻子。

李书文
男，48岁，中国某医院大夫，李小兰的父亲，张云的丈夫。

王　海
男，29岁，中国某大学汉语学院办公室主任。

张大妈
女，58岁，退休工人，李小兰家和王海家的邻居。

林爱华
女，39岁，下岗工人，李小兰家和王海家的邻居。

刘　容
女，28岁，某旅游公司员工，王海的妻子。

CONTENTS

第 1 课　坐出租车 ——————————————————— 1

　　基本句：" 是 " 字句 (3)
　　词语用法：差点儿；到底；顺着

第 2 课　租房子 ——————————————————— 18

　　基本句：一来……二来……；" 是……的 " 句 (2)；或者……
　　　　　　或者……
　　词语用法：接着；不仅；根据；大约；概数、倍数的表示法

第 3 课　留学热 ——————————————————— 37

　　基本句：连……都 / 也……；即使……也 / 还……；趋向补语
　　　　　　" 出 " 的引申用法
　　词语用法：趁；对于；始终

第 4 课　童年 ——————————————————— 54

　　基本句：" 有 " 字句 (3)；……，而……；……，结果……
　　词语用法：节；白

第 5 课　老年生活 ——————————————————— 72

　　基本句：兼语句
　　词语用法：初；小数、分数、百分数的表示法；将

I

第 6 课　就业 ———————————————————— 88
　　基本句：……曾经＋动/形＋过/了……；趋向补语"起来"
　　　　　　的引申用法（1）；从……起
　　词语用法：经过；往往；由

第 7 课　选什么专业好 ———————————————— 107
　　基本句：哪怕……也/都/还……
　　词语用法：与；"上"、"中"、"下"的引申意义；届；顿

第 8 课　"三大件"升级 ———————————————— 122
　　基本句：反问句（1）；当……时，……
　　词语用法：究竟；番

第 9 课　健身与美容 ————————————————— 136
　　基本句：……为的是……；数量补语（2）
　　词语用法："是"表示坚决肯定；光

第 10 课　今天吃什么 ————————————————— 149
　　基本句：……，相反……
　　词语用法：疑问代词活用（2）；克

自测题 ———————————————————————— 164
生词总表 —————————————————————— 169

坐出租车

第1课
Lesson 1

 课文

（一）

(宾馆门口，田中正龙招手叫出租车，一辆车开过来，田中拉开车门，坐上车)

司机：您好！去哪儿？

田中：您好，先到外语学院接一个人，然后再去中心医院。

司机：好的。您是外国人吧，汉语说得不错。

田中：您怎么知道？是不是我的声调有问题？

司机：外国人就是外国人，我一看就知道。干我们这一行的，接触人多，眼睛耳朵格外灵。

田中：是吗？到了。朋子，快上车！

高桥：田中，你怎么才来？我差点儿就要一个人走了。

田中：真对不起，昨天晚上练听力，早晨起不来了。

高桥：你可真用功啊！

田中：哪里哪里，我是一边看足球比赛，一边练习听力。昨晚的比赛真精彩！

高桥：你到底是学习啊还是看球啊？

田中：我看的是球，练的是听力。这叫学习和娱乐两不误。

高桥：哦，师傅，顺着这条路走到头儿是不是一个花店？

司机：没错。

高桥：到那儿能不能停一下？我们去看病人，想买束鲜花儿。

司机：没问题，不过你最好快点儿。

留学生出门常爱打车，这是因为他们对一些公交路线不太熟悉，而且中国的出租车又便宜又方便。另外，坐出租车还可以和司机师傅练练口语，多了解一点儿中国的情况。不过有几点也是应该注意的：上车说明目的地以后，要看看计价器是否打开；到达目的地以后别忘了要发票，因为要是有什么事，比如不小心把东西忘在了车上，有发票你就会很快找到坐过的那辆车。

二 常用句

1. 你怎么才来?
2. 哪里哪里。
3. 顺着这条路走到头儿是不是一个花店?
4. 到那儿能不能停一下?

三 生词

1. 招手	zhāo shǒu		wave one's hand as a signal
2. 声调	shēngdiào	(名)	tone of Chinese characters
3. 行	háng	(名)	profession
4. 接触	jiēchù	(动)	come into contact with
5. 眼睛	yǎnjing	(名)	eye
6. 格外	géwài	(副)	especially
7. 灵	líng	(形)	quick; clever; sharp
8. 差点儿	chàdiǎnr	(副)	almost
9. 早晨	zǎochén	(名)	morning
10. 精彩	jīngcǎi	(形)	brilliant; wonderful
11. 到底	dàodǐ	(副)	at last; after all
12. 娱乐	yúlè	(名)	entertainment

第 1 课 坐出租车

13. 误	wù	(动)	hinder
14. 师傅	shīfu	(名)	master worker; (show respect for skilled men) form of address
15. 顺着	shùnzhe	(介)	along
16. 头儿	tóur	(名)	end
17. 束	shù	(量)	bundle; bunch
18. 出门	chū mén		go out
19. 一些	yìxiē	(数量)	a number of
20. 公交	gōngjiāo	(名)	public transportation
21. 路线	lùxiàn	(名)	route
22. 熟悉	shúxi	(形、动)	know sth. or sb. well
23. 另外	lìngwài	(连)	in addition
24. 说明	shuōmíng	(动、名)	explain; explaination
25. 目的地	mùdìdì	(名)	destination
26. 计价器	jìjiàqì	(名)	fare meter
27. 是否	shìfǒu	(副)	whether or not
28. 到达	dàodá	(动)	arrive
29. 发票	fāpiào	(名)	receipt
30. 特殊	tèshū	(形)	special
31. 发生	fāshēng	(动)	happen
32. 车祸	chēhuò	(名)	traffic accident
33. 解释	jiěshì	(动、名)	explain

34. 心眼儿	xīnyǎnr	（名）	intention; heart
35. 理由	lǐyóu	（名）	reason
36. 充分	chōngfèn	（形）	enough; sufficient
37. 缺	quē	（动）	be short of
38. 室	shì	（名）	room
39. 助人为乐	zhù rén wéi lè		take pleasure in helping people
40. 队长	duìzhǎng	（名）	captain; team leader
41. 中年	zhōngnián	（名）	middle age
42. 刹车	shāchē	（动）	put on the brakes
43. 吓	xià	（动）	frighten
44. 拦	lán	（动）	bar; block
45. 背影	bèiyǐng	（名）	view of sb.'s back
46. 妇女	fùnǚ	（名）	women
47. 抱	bào	（动）	hold or carry in the arms
48. 救命	jiù mìng		save sb.'s life
49. 大姐	dàjiě	（名）	eldest sister
50. 急诊	jízhěn	（名）	emergency treatment
51. 吹牛	chuī niú		boast
52. 原谅	yuánliàng	（动）	forgive
53. 卖力气	mài lìqi		do one's very best

第 1 课　坐出租车

四 语言点

(一) 基本句

"是"字句(3)

1. "是"的前后用相同的词语，有时用来强调事物的客观性。句式：
Sometimes when the same elements are used before and after the verb "是", it emphasizes the objectivity of the matter. Sentence structure:

> ……就/总/到底+是……，……

(1) 不知道就是不知道，你还不相信我吗？
(2) 孩子总是孩子，做错事也是正常的。
(3) 老师到底是老师，什么问题都能解决。

2. 强调宾语。句式：
This sentence structure is used to emphasize the object. Sentence structure:

> ……的+是+名/动/小句

(1) 我知道的就是这些。
(2) 咱们俩想的是一回事儿。
(3) 让大家高兴的是找到了合适的方法。
(4) 麻烦的是他生病来不了。

(二) 词语用法

1. 差点儿

副词。表示某种事情几乎实现而没有实现。用于希望发生的事情，有惋惜的意思；用于不希望发生的事情，有庆幸的意思。例如：

The adverb "差点儿" means almost or nearly, which is used to indicate something we wish to happen but not happen, it denotes regretful or pitiful. When used to indicate something we do not wish to happen, it denotes gratified to have been favored by luck or gratified to have been spared from some misfortune. For example:

差点儿考上大学　　差点儿就出国了　　差点儿得了第一名
差点儿死了　　　　差点儿迟到　　　　差点儿摔倒

2. 到底

副词。用于疑问句，表示进一步追问。例如：

An adverb. When it is used in an interrogative sentence, it denotes the further exploration. For example:

（1）你到底来不来？

（2）到底谁参加？

也表示经过较长过程最后出现某种结果。后带"了"。例如：

It is also used to denote the result produced after rather long process. And "了" is used after it. For example:

（3）练习了三个星期，弟弟到底学会了骑车。

（4）找了一上午，到底找到了。

3. 顺着

介词。表示经过的路线。例如：

A preposition. It is used to denote the path the action moves along. For example:

（1）顺着这条路往前走。

（2）杯子碰倒了，水顺着桌子流下来。

五 操练与交际

(一) 辨音

yònggōng（用功）　　　　jiù yè（就业）
yǒu gōng（有功）　　　　zhòuyè（昼夜）

xiǎoxīn（小心）　　　　xiānhuā（鲜花）
xiǎoxī（小溪）　　　　　xiāngguā（香瓜）

jiāojì（交际）　　　　　biānjí（编辑）
jiāozhī（交织）　　　　　biānzhì（编制）

gōngfèi（公费）　　　　fēijī（飞机）
gōnghuì（工会）　　　　huíjī（回击）

xìngmíng（姓名）　　　　quē xí（缺席）
shēngmìng（生命）　　　　quèshí（确实）

diànxiàn（电线）　　　　xiūshì（修饰）
diànshàn（电扇）　　　　shōushi（收拾）

(二) 朗读下列短语

接触社会	格外灵	公交路线	不太熟悉	是否打开
身体接触	格外漂亮	长跑路线	非常熟悉	是否喜欢
接触不多	格外照顾	旅行路线	熟悉环境	是否精彩

特殊情况	发生车祸	不用解释	心眼儿好	理由充分
特殊要求	发生问题	好好解释	有心眼儿	准备充分
特殊工作	发生情况	解释清楚	小心眼儿	不够充分

8

（三）朗读下列句子

1. 你可真用功啊。
2. 你可真幸福啊。
3. 你到底是学习啊还是娱乐啊？
4. 你到底是去啊还是不去啊？
5. 到那儿能不能停一下？
6. 到那儿能不能休息一下？

（四）从本课生词表中选择恰当的词语填空

1. 我_____忘了，妈妈让我告诉你，晚上回家前给她打个电话。
2. 你一会儿说去，一会儿说不去，你_____去不去？
3. 住了半年多，他对这个城市越来越_____了。
4. 姐姐喜欢看_____节目。
5. 昨天的汉语节目表演真是太_____了。
6. 这样的生活，什么时候才是_____啊？
7. 我们正在商量暑假旅行的_____。
8. 酒喝多了，就会_____事，咱们今天少喝点儿吧。
9. 母亲节那天，小李买了一_____鲜花送给妈妈。
10. 走了三个多小时，天黑前他们才走到_____。
11. 看到这些照片，你_____会想起过去的生活？
12. 当了二十年出租车司机，他_____过各种各样的人。
13. 那个女孩儿虽然长得不漂亮，可是_____好，我们都喜欢她。
14. 这么重要的会，你没有_____不参加。
15. 这方面大家都很了解，我只做简单的_____。
16. 你别听小李_____，他的水平还不如我呢。

17. 这几天_____暖和,好像春天一样。

18. 昨天的事儿是我不对,你就_____我吧。

19. 飞机下午四点半_____大连,我们四点以前到机场就行。

(五) 用下列生词组成短语

接触　　说明　　精彩　　一些　　熟悉

发生　　到达　　特殊　　缺　　　解释

(六) 根据例句用"差点儿"改写句子

例:我今天没迟到。
　　我今天差点儿迟到。

1. 那个孩子跑过来的时候没摔倒。
　　_____

2. 明天是爸爸的生日,我没忘。
　　_____

3. 他们没打我。
　　_____

4. 我没相信他们说的话。
　　_____

5. 小南没考进北京大学。
　　_____

6. 弟弟没追到那只小狗。
　　_____

(七) 在合适的位置加上"到底",然后朗读,注意句子的语气

> 例:你去不去呀?
> → 你到底去不去呀?

1. 他什么时候来?

   → _____

2. 你想不想考大学?

   → _____

3. 谁说的是真的?

   → _____

4. 我们等了一个晚上,见到了那个女孩儿。

   → _____

5. 找了半天,让我找到了。

   → _____

(八) 替换

你怎么才来?我差点儿就要一个人走了。

1	提醒我	迟到
	回家	出去找你了
	来电话	给你打电话
	通知我	问办公室去
	做完饭	饿死了

2

喜欢	不喜欢
同意	不同意
日本人	韩国人
关心我	批评我
有病	不愿意上课

你到底是<u>学习</u>啊还是<u>看球</u>啊？

3

往前走	中山小学
往南100米	就到了
走到第一个路口	向右拐
一直往东	有一个书店

顺着这条路走到<u>头儿</u>是不是<u>一个花店</u>？

（九）模仿

1. 先到<u>外语学院接一个人</u>，然后再<u>去中心医院</u>。

   先_____，然后再_____。

2. 这叫<u>学习</u>和<u>娱乐</u>两不误。

   这叫_____和_____两不误。

3. <u>留学生出门常爱打车</u>，这是因为<u>他们对一些公交路线不太熟悉</u>，而<u>且中国的出租车又便宜又方便</u>。

   _____，这是因为_____，而且_____。

（十） 根据课文内容，用所给的词语回答问题

1. 田中打车要去哪儿？（先……，然后再……）
2. 出租车司机为什么一下子就知道田中是外国人？（接触、灵）
3. 田中为什么起来晚了？（起不来、一边……一边……、精彩）
4. 他们为什么要半路（half way）停车？（顺着、来）
5. 留学生为什么出门常爱打车？（因为……，而且……、又……又……）

（十一） 根据地图，同学之间互相询问、说明路线

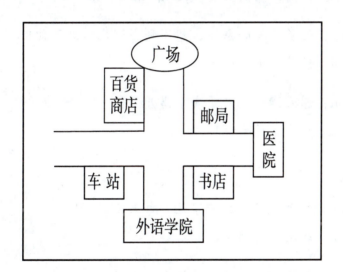

（十二） 功能会话

1. 知道 / 不知道

（1）A：你知道明天开晚会的事吗？

　　B：知道，班长已经告诉我了。

A：听说每个人要交50块钱。

　　　B：我也听说了，50块钱不算多。

（2）A：咱们公司要换经理了。

　　　B：真的吗？我怎么没听说？

　　　A：你刚来，还不太熟悉。

　　　B：你了解公司的情况，快给我说说。

2. 庆幸

（1）A：人太多了，我差点儿没买到票。

　　　B：是啊，咱们运气（yùnqì, luck）真不错。

（2）A：好多年没联系了，想不到在这儿碰到了你！

　　　B：世界太小了！

（3）A：谢天谢地，终于安全离开了！

　　　B：刚才真危险哪！

3. 质问

（1）A：你到底是怎么回事儿？每天都迟到！

　　　B：我记错时间了。

（2）A：我问你，桌子上的钱哪儿去了？

　　　B：我拿去请朋友吃饭了。

(十三) 阅读

助人为乐

这个周末学校举行排球赛。比赛开始前,大卫发现田中还没到,要知道,田中是排球队的队长,比赛缺了他可不行。大家正着急呢,忽然看见田中从一辆出租车上跳了下来。原来,田中打车的时候遇到了特殊情况,他和司机一起做了一件助人为乐的好事。

今天早上,田中早早儿地从宾馆出来,坐上一辆出租车。司机是个40多岁的中年人,他们一路聊得很高兴。开到一个小路口时,司机突然来了个急刹车。田中以为发生了车祸,吓了一跳。"师傅,帮帮忙吧,有个孩子病得厉害,得马上去医院。"拦车的小伙子说。听了这话,司机推开车门走下车。顺着他的背影,田中看见一位妇女抱着孩子站在路边,一脸着急的样子。司机把她们让到车里,对田中解释说:"实在对不起,救命要紧,咱们先送这位大姐。您要是有急事,就坐别的车吧。"田中二话没说,也跟着去了医院。好心眼儿的司机帮她们挂了号,又和田中一起把孩子送到急诊室才离开。这样就耽误了时间,所以他来晚了。

爱米开玩笑说:"你昨天还吹牛说要第一个到呢。看你理由挺充分,迟到的事就算了吧。不过,你要是比赛不卖力气,我们可不能原谅。"田中笑笑说:"没问题,你们就看我的吧!"

1. 读后判断对错

(1) 田中今天来晚了,耽误了排球比赛。 (   )
(2) 田中坐出租车时遇到了车祸。 (   )

(3) 田中是排球队的队长。　　　　　　　　　　　（　）
(4) 司机走下车是因为车子出现了问题。　　　　　（　）
(5) 那位妇女是司机的朋友。　　　　　　　　　　（　）
(6) 田中跟司机一起把那位妇女和孩子送到了医院。（　）
(7) 田中因为迟到受到了批评。　　　　　　　　　（　）
(8) 田中喜欢吹牛。　　　　　　　　　　　　　　（　）

2. 连线后朗读

理由　　　　情况
做　　　　　时间
特殊　　　　车祸
耽误　　　　充分
发生　　　　好事

3. 熟读下列词语

助人为乐　　急刹车　　吓了一跳　　二话没说
挂号　　　　急诊室　　吹牛　　　　卖力气　　　看我的

（十四）交际

1. 自由表达

   回答下面的问题，并说一说你在中国坐出租车的经历。
   (1) 在中国，你经常坐出租车吗？为什么？
   (2) 坐出租车时你常要发票吗？为什么？
   (3) 你觉得中国的出租车司机怎么样？

2. 完成任务

打车到达教师指定的目的地。具体任务包括：

(1)向司机详细说明目的地的方位(direction and position)。

(2)询问路上看到的情况。

(3)中途(half way)下车,请求司机等候(wait)。

(4)到达目的地后向司机要发票。

第1课 坐出租车

第2课 租房子
Lesson 2

 课文

爱　米：小兰，我想租房子。

李小兰：怎么？你不愿意住宿舍了？

爱　米：我觉得住在校外也挺好，一来价钱便宜，二来可以多跟中国人接触，提高汉语水平。中介公司我都联系好了，你陪我一块儿去吧。

李小兰：好。

(在房屋中介公司)

爱　米：您好，我要租房。

业务员：哦，刚才是您打的电话吧？快请坐。您再把具体要求说一说。

爱　米：我想要离我们学校近一点儿的房子，一室一厅或者两室一厅都行。

业务员：价钱呢？

爱　米：一千块钱左右，不要太贵的。不过，一定要环境好、比较安全的。

业务员：你看看这张照片，这套房子两室一厅，南北向，装修也不错。

爱　米：看照片确实挺好。

李小兰：能上网吗？

业务员：能。

爱　米：月租多少钱？

业务员：稍高一点儿，一千八百元，"一分价钱一分货"嘛。

李小兰：能不能去看看房？

业务员：没问题，你们留个电话，我安排好了就通知你们。

爱　米：我是学生，价钱方面能不能优惠一点儿？

业务员：这个嘛，看完房子再说吧。

(走出中介公司)

爱　米：没想到今天这么顺利！

李小兰：这只是开始，看好了房子还要检查房产证和房间设施，接着要谈价钱，最后再签合同。

爱　米：看来想租到合适的房子还是要费些功夫的。

(二)

　　房子是中国人生活中的大事，所以当人们的生活变好以后，马上想到的就是房子：没房子的买房子，有房子的换新房，不仅面积要大，环境还要好。根据统计，2003年中国城市居民每人大约有23平方米的住宅，是二十年前的两三倍。多余的房子或者卖或者租出去，这样又发展了二手房市场和房屋出租市场。所以有人说，中国现在正在进行一场"住宅革命"。

常用句

1. 我想要离学校近一点儿的房子。
2. 月租多少钱？
3. 能不能去看看房？
4. 你们留个电话，我安排好了就通知你们。
5. 价钱能不能优惠一点儿？

 三 生词

1. 租	zū	(动)	rent
2. 房子	fángzi	(名)	house
3. 一来…… 二来……	yīlái…… èrlái……		firstly... secordly...
4. 价钱	jiàqián	(名)	price
5. 房屋	fángwū	(名)	houses
6. 具体	jùtǐ	(形)	concrete
7. 安全	ānquán	(形)	safe; safety
8. 套	tào	(量)	a measure word for a series or sets of things
9. 向	xiàng	(名)	direction
10. 装修	zhuāngxiū	(动)	fit up (a house, etc.)
11. 方面	fāngmiàn	(名)	respect
12. 优惠	yōuhuì	(形)	preferential
13. 顺利	shùnlì	(形)	smooth
14. 证	zhèng	(名)	certificate
15. 设施	shèshī	(名)	installation
16. 接着	jiēzhe	(连、动)	after that; and then
17. 签	qiān	(动)	conclude and sign (a treaty, contract, etc.)

第 2 课 租房子

21

18. 合同	hétong	(名)	agreement; contract
19. 费	fèi	(动)	spend
20. 不仅	bùjǐn	(连)	not only
21. 根据	gēnjù	(介)	according to
22. 统计	tǒngjì	(动)	statistics; add up
23. 居民	jūmín	(名)	resident
24. 大约	dàyuē	(副)	about; probably
25. 平方米	píngfāngmǐ	(量)	square meter
26. 住宅	zhùzhái	(名)	residence
27. 倍	bèi	(量)	times
28. 多余	duōyú	(形)	surplus
29. 发展	fāzhǎn	(动)	develop; development
30. 二手	èrshǒu	(形)	secondhand
31. 进行	jìnxíng	(动)	carry on
32. 革命	gémìng	(动)	revolution
33. 满足	mǎnzú	(动)	satisfy; satisfied
34. 自动	zìdòng	(形)	automatic
35. 灯	dēng	(名)	lamp
36. 开关	kāiguān	(名)	switch
37. 却	què	(副)	indicating a turn in meaning; but
38. 旧	jiù	(形)	worn; old

39.	享受	xiǎngshòu	（动）	enjoy (rights, benefits, etc.)
40.	挣	zhèng	（动）	earn
41.	照例	zhàolì	（副）	as a rule; as usual
42.	直到	zhídào	（动）	until
43.	楼道	lóudào	（名）	corridor
44.	黑暗	hēi'àn	（形）	dark; darkly
45.	摸	mō	（动）	touch
46.	钥匙	yàoshi	（名）	key
47.	对门	duìmén	（名）	opposite room
48.	温暖	wēnnuǎn	（形）	warm
49.	邻居	línjū	（名）	neighbor
50.	大嫂	dàsǎo	（名）	elder brother's wife

四 语言点

(一) 基本句

1. 一来……二来……

列举原因或目的。例如：

"一来……二来……" is used to enumerate the reasons or purposes. For example:

(1) 我最近没跟你联系，一来是工作忙，二来是家里出了点儿事。

(2) 我决定回一趟老家，一来看望父母，二来看看小时候的朋友。

2. "是……的"句(2)

是 + 小句 + 的

以"是"字开头，用来强调小句的主语。例如：

The sentences with "是" at the beginning denote the emphases of the subject of the minor clause. For example:

（1）刚才是您打的电话吧？
（2）是经理告诉我这样做的！

……是……的

表示说话人的看法、见解或态度。例如：

"……是……的" is used to denote the viewpoint, opion or attitude of the speaker. For example:

（1）这样做是不对的。
（2）我对这儿是很有感情的。

3. 或者……或者……

用于表示选择关系的复句，有时第一个"或者"可以省略。例如：

"或者……或者……" is used to denote Alternative Duplicate Sentences and sometimes the first "或者" can be omitted. For example:

（1）（或者）你去，或者他去，总要有人参加。
（2）（或者）找工作，或者考研究生，你只有两条路。
（3）这个时间，我或者在阅览室，或者在教室。

(二) 词语用法

1. 接着

作连词，用在复句中，表示后面的动作紧跟着前面的动作发生，例如：

A conjuction. It is used in a clause denotes the two actions happened in succession immediately. For example:

（1）他走进房间，打开灯，接着又拿起了电话。

（2）房子买完了，接着又要买车，你到底有多少钱啊?

作动词，表示紧跟着（前面的动作）。例如：

A verb. It denotes the action followed the previous one immediately. For example:

（1）我说完了你接着说。

（2）今天还接着昨天的内容讲。

2. 不仅

连词，多用于书面语，后面常接"而且、还、也"，表示除所说的意思以外，还有更进一层的意思。例如：

"不仅", a conjuction, used usually in written Chinese, and often followed by "而且","还", and "也", denotes besides, moreover or furthermore. For example:

（1）爸爸不仅没上过大学，而且连中学也没读完。

（2）这件事，不仅我不同意，你爸也不同意。

（3）他不仅是我的朋友，也是我的老师。

3. 根据

介词。表示以某种事物或动作为前提或基础。例如：

"根据", a preposition, is used to denote based on something or an action. For example:

（1）根据学校的规定，上课时要关手机。

（2）根据考试成绩分班。

4. 大约

副词。表示对数量、时间的估计。例如：

"大约", an adverb, denotes guesstimate of number, amount, or time. For example:

(1) 我们学校大约有八百多个留学生。

(2) 他们大约谈了三个小时。

(3) 房间面积大约有九十平方米。

5. 概数、倍数的表示法

概数，表示一个大概的数目，有以下几种表达方式：

Approximate number denotes to come near or close, as in number. The usages of it are as follows.

其一，两个相邻的数字连用。例如：

Two numbers bordered upon are used in succession. For example:

八九岁　　　一二百块　　　十五六个人

其二，数词前后加上表示概数的词语。前面主要有"大约、大概、近"等；后面主要有"多、左右、上下、前后"等。例如：

If words or phrases indicating approximate number are used before or after the numerals. Words like "大约, 大概, 近" etc. are usually used before the words or phrases expressing approximate number, while words like "多, 左右, 上下, 前后" etc. are used after them. For example:

大约三天　　　大概两个小时　　　近六百人

三百多斤　　　二十箱左右　　　五十上下　　　二十号前后

倍数，在数词的后边加上量词"倍"，用于大于或增加的情况。例如：

The measure word "倍" is used after the numeral denotes the numeral is larger than. For example:

(1) 我们学校的男生是女生的两倍。

　　我们学校的男生比女生多一倍。

(2) 今年的产量是去年的五倍。

　　今年的产量比去年增加四倍。

五　操练与交际

（一）辨音

liánxì（联系）　　　　yòngpǐn（用品）
liánxù（连续）　　　　yùnbǐ（运笔）

qiāndìng（签订）　　　zhùzhái（住宅）
jiāndìng（坚定）　　　mùcái（木材）

píngfāng（平方）　　　shèshī（设施）
píngfēng（屏风）　　　cuòshī（措施）

qícì（其次）　　　　　fā huà（发话）
shíjì（实际）　　　　　fāhuáng（发黄）

jīqì（机器）　　　　　zēngzhǎng（增长）
jíqiè（急切）　　　　　shēngchǎn（生产）

jùtǐ（具体）　　　　　chéngzhèn（城镇）
jítǐ（集体）　　　　　chéngzhòng（承重）

（二）朗读下列短语

具体要求	一室一厅	价钱方面	这么顺利
具体情况	两室一厅	时间方面	工作顺利
具体安排	三室两厅	生活方面	事事顺利

发展经济	二手房	满足要求	自动灯
发展很快	二手车	得到满足	自动门
发展中国家	二手货	非常满足	自动关机

(三) 朗读下列句子

1. 怎么？你不愿意住宿舍了？
2. 怎么？你不愿意参加比赛了？
3. 看照片确实挺好。
4. 这儿的环境确实挺好。
5. "一分价钱一分货"嘛。
6. 我们是好朋友嘛。
7. 看来想租到合适的房子还是要费些功夫的。
8. 看来想弄清楚这个问题还是要花些时间的。

(四) 从本课生词表中选择恰当的词语填空

1. 最近小王正在_____房子，准备结婚。
2. 事情一直进行得很_____，只是最后出了点儿问题。
3. 他已经跟那个公司_____了工作合同，下个星期就开始上班。
4. _____我的观察，他们两个正在谈恋爱。
5. 请班长_____参加晚会的人数，马上告诉办公室。
6. 为了省钱，小李买了一台_____车。
7. 妈妈_____了_____孩子的头，发现有点儿热，她决定带孩子去医院。
8. 上课以前，老师_____要先问问今天谁没来。
9. 他新租的房子_____很全，什么都有。
10. 能找到这样一份工作，我已经很_____了。
11. 下面要_____的是100米跑，请运动员做好准备。
12. 你怎么买那么贵的衣服？自己一个月_____多少钱还不知道吗？
13. 这么晚了妹妹一个人走不_____，我还是送送她吧。
14. 到了周末，他常常_____一些DVD看。

15. 你一个人在家，却开着这么多灯，太_____电了。
16. 他买了一_____初级汉语课本，准备自学。
17. 听到这个消息，大家都为她高兴，她_____哭了。
18. 你一个月生活费800块就够了，_____的钱最好存在银行里。

（五）用下列生词组成短语

| 租 | 方面 | 具体 | 安全 | 费(动词) |
| 旧 | 发展 | 进行 | 满足 | 享受 |

（六）用括号里的词语回答问题

1. 你学习多长时间汉语了？ （左右）
2. 新来的经理多大年纪？ （上下）
3. 昨天的晚会来了多少人？ （多）
4. 你打算什么时候去北京？ （前后）
5. 这次旅行，小李花了多少钱？ （大概）
6. 那个足球运动员有多高？ （大约）

（七）用"是……的"回答问题

1. 是谁拿走的书？

2. 是老张告诉你这件事的吗？

3. 这种意见你能同意吗？

4. 你的话，他会相信吗？

(八) 替换

1

找个互相学习的同学　男的　女的
买双运动鞋　　　　　黑色的　白色的
换一个大房间　　　　东西向　南北向
要一瓶饮料　　　　　热的　　凉的

我想要离我们学校近一点儿的房子，一室一厅或者两室一厅都行。

2

每次一个小时　　　　太长时间
每条鱼一斤　　　　　太小的
一次记住十个生词　　太着急了

一千块钱左右，不要太贵的。

3

告诉我手机号　　修好
先走吧　　　　　准备好
去休息吧　　　　收拾干净
在家等着　　　　问清楚

没问题，你们留个电话，我安排好了就通知你们。

(九) 仿照例句完成句子

例：我校今年有学生360人，去年有学生180人。
　　我校今年的学生是去年的二倍。
　　我校今年的学生比去年多了一倍。

1. A大学有留学生1000人，B大学有留学生200人。
　　_____。
　　_____。

2. 小元现在每月挣6000元，他刚参加工作时每月只挣1500元。
　　_____。
　　_____。

3. 这个厂去年生产（shēngchǎn, produce）电视机2000万台，今年生产5000万台。
　　_____。
　　_____。

4. 第一本书有600个生词，第二本书有1800个生词。
　　_____。
　　_____。

(十) 模仿

1. 我觉得住在校外也挺好，一来价钱便宜，二来可以多跟中国人接触，提高汉语水平。

　　我觉得_____也挺好。一来_____，二来_____。

2. 多余的房子或者卖或者租出去，这样又发展了二手房市场和房屋出租市场。

_____或者_____或者_____，_____。

（十一）用括号里的词语完成句子

1. 回到宿舍以后，她洗了个澡，_____。（接着）
2. _____，而且很漂亮。（不仅）
3. 星期天下午，_____。（照例）
4. 他们不停地说，_____。（直到）
5. 小明的个子很高，_____。（却）

（十二）根据课文内容，用所给的词语回答问题

1. 爱米觉得在校外租房子住有什么好处？（一来……二来……）
2. 爱米想租什么样的房子？（离、……或者……都行、左右）
3. 业务员介绍了一套什么样的房子？（……室……厅、……向、装修）
4. 看好房子以后还要做什么？（检查、接着、最后）

（十三）功能会话

1. 说明

   (1) A：你是什么时候到的？
       B：我是昨天晚上九点多到的。

   (2) A：你今天怎么来得这么早？
       B：我是坐出租车来的。

(3) A：我不想考大学了。

　　B：你这样做，妈妈是不会同意的。

2. 决定

(1) A：我决定从明天开始每天早上读半个小时课文。

　　B：说了就一定要做啊。

(2) A：我们明天一起去找老李商量商量吧。

　　B：这样合适吗？

　　A：大家都是朋友，应该没问题。

　　B：好，就这样吧。

(十四) 阅读

回家的灯

　　刚上班的时候，挣钱不多。我租了一间小房子，很远，也很旧，可我还是很满足。每天下了班，骑车回到家时，天已经黑了。那是一座老楼，楼道里没有灯光，我常常在黑暗中摸到五楼，然后掏出钥匙，把门打开。

　　几天后的一个晚上，我照例摸到了五楼，刚想掏钥匙，楼道一下子亮了，我吓了一跳，回头才看见是对门的灯，不知道什么时候装的，灯在屋外，开关却在屋里。在灯光里，我的心一下子亮了，轻轻松松地打开门，进了屋。

　　从那以后，每当我晚上走到门口的时候，灯就会亮。我觉得很奇怪，看看对门，不像是有人要出去的样子，也许这灯是自动的？就这样，在我租住的三个多月里，一直享受着这温暖的灯光，直到我搬走。

　　后来，我遇到以前的邻居，跟他说起了楼道里的灯。邻居说："那灯是你对门那位大嫂装的。她的丈夫下班晚,为了丈夫上楼方便,她就装了灯。开始,你上楼的时候,她以为是丈夫,就亮了灯,后来发现是你,也坚持开着。以后,只要听到有人上楼,她都会把灯打开。"

现在,我有了自己的房子,楼道里也有了自动灯,每次看到那灯光,我都会感觉格外温暖。

1. 读后判断对错

(1) 刚上班时,我租的房子又小又旧,但我很满意。　　(　　)

(2) 我的眼睛不太好,晚上开门要用很长时间。　　　　(　　)

(3) 邻居在楼道里装了自动灯。　　　　　　　　　　　(　　)

(4) 明亮的灯光给人带来了好心情。　　　　　　　　　(　　)

(5) 对门的大嫂把我当成了她的丈夫,所以每次为我开灯。(　　)

(6) 我一直住在这个房子里,享受着温暖的灯光。　　　(　　)

2. 连线后朗读

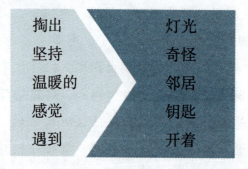

掏出　　　　灯光
坚持　　　　奇怪
温暖的　　　邻居
感觉　　　　钥匙
遇到　　　　开着

(十五) 交际

1. 自由表达

介绍一下自己的居住情况。

（这些词语可以帮助你：宿舍、租、……室……厅、价钱、环境、房间设施……）

2. 完成任务

　　阅读下面的房屋信息，并完成后面的任务：

编号：0215
位置：语言学院附近山水家园　　房型：2室1卫1厨
房租：1500元/月　　　　　　　装修情况：简单装修
朝向：南北　　　　　　　　　　楼层：2/5
面积：65平方米　　　　　　　　年代：1994年
房间设施：电视、热水器、电话、家具、厨房用品
交通情况：101路、708路
联系电话：24857711　　李先生

编号：0196
位置：五四广场星月小区　　房型：2室2厅1卫1厨
房租：2400元/月或2.5万元/年　　装修情况：好
朝向：南北　　楼层：14/16
面积：101.32平方米　　年代：2005年
房间设施：彩电、冰箱、洗衣机、热水器、空调、电话、家具、厨房用品、可上网
交通情况：202路、705路（离车站近）
联系电话：13904196818　　古小姐

（1）两个人商量一下，选择一套适合二人合租的房子，并说明理由。

（2）二人分别扮演租房者和中介公司业务员，完成以下任务：

　　① 询问（介绍）房子的基本情况；

　　② 询问（介绍）价钱并讨价还价；

　　③ 约定看房时间。

留学热　第 3 课 Lesson 3

孙明：山本，很抱歉，明天不能和你"互相学习"了。

山本：怎么了？

孙明：我辅导过的一个学生要去日本留学，请我明天一起吃晚饭。

山本：原来有人请客啊。

孙明：他父母也邀请你呢。

山本：这多不好意思，我们也不认识。

孙明：他们早就知道你了，还想请你介绍介绍日本的情况。去吧，"一回生，两回熟"嘛。

山本：在中国，出国留学的人多吗？

孙明：多。这几年留学特别火，连很多中小学生都被送出国了。

山本：那么小，父母能放心吗？

孙明：一些父母认为，趁年纪小出去锻炼锻炼，多学些本领，即使吃点儿苦也是值得的。

山本：那你有没有留学的打算？

孙明：现在没有，毕业以后再考虑吧。哎，别说那么远了，你到底去不去呀？

山本：当然去了，这可是交朋友的好机会。而且，我还要送他几本日语书呢。

孙明：那就明天下午五点校门口见，我们一起去。

山本：好，不见不散。

改革开放以来，中国每年出国留学的人数不断增加，进入新世纪，又出现了新的特点：一是自费留学越来越普遍；二是留学年龄越来越低。"留学热"反映出中国人重视教育的优良传统，也跟人们对于留学的期望值太高有关。很多人认为，留学之后就会有美好的未来，他们想尽办法要留学，即使自己去不了，也希望能在孩子身上实现，所以，留学热始终没有"降温"。

二 常用句

1. 很抱歉，明天不能和你"互相学习"了。
2. 这多不好意思。
3. "一回生，两回熟"嘛。
4. 别说那么远了。
5. 好，不见不散。

三 生词

1. 热	rè	（名、形）	(used after a noun, verb or phrase) craze; popular
2. 抱歉	bàoqiàn	（形）	be sorry
3. 请客	qǐngkè	（动）	treat sb. (to dinner etc.)
4. 熟	shú/shóu	（形）	familiar
5. 火	huǒ	（形、名）	prosperous; fire
6. 连…… 都……	lián…… dōu……		even
7. 趁	chèn	（介）	take advantage of
8. 年纪	niánjì	（名）	age
9. 本领	běnlǐng	（名）	skill
10. 即使…… 也……	jíshǐ…… yě……		even if; even though

11. 吃苦	chī kǔ		bear hardships
12. 值得	zhídé	(动)	be worth
13. 考虑	kǎolǜ	(动)	consider
14. 不见不散	bú jiàn bú sàn		not leave without seeing each other
15. 改革	gǎigé	(动)	reform
16. 开放	kāifàng	(动)	be open
17. 以来	yǐlái	(名)	since
18. 数	shù	(名)	number
19. 增加	zēngjiā	(动)	increase
20. 自费	zìfèi	(动)	at one's own expense
21. 普遍	pǔbiàn	(形)	universal
22. 反映	fǎnyìng	(动)	reflect
23. 重视	zhòngshì	(动)	attach importance to
24. 教育	jiàoyù	(名、动)	education; educate
25. 优良	yōuliáng	(形)	fine
26. 对于	duìyú	(介)	with regard to
27. 期望值	qīwàngzhí	(名)	expectation
28. 之后	zhīhòu	(名)	later
29. 未来	wèilái	(名)	future
30. 尽	jìn	(动)	exhausted
31. 实现	shíxiàn	(动)	realize
32. 始终	shǐzhōng	(副)	from beginning to end

33. 降温	jiàng wēn		decline in enthusiasm; drop in temperature
34. 真正	zhēnzhèng	(形、副)	genuine; truly
35. 逐渐	zhújiàn	(副)	gradually
36. 适应	shìyìng	(动)	suit
37. 紧张	jǐnzhāng	(形)	nervous; tense
38. 产生	chǎnshēng	(动)	give rise to
39. 怀疑	huáiyí	(动)	doubt
40. 体会	tǐhuì	(动、名)	learn from experience; experience
41. 感受	gǎnshòu	(名、动)	feel; be affected by
42. 陌生	mòshēng	(形)	strange; unfamiliar
43. 克服	kèfú	(动)	overcome
44. 理解	lǐjiě	(动)	understand
45. 祖国	zǔguó	(名)	motherland
46. 相反	xiāngfǎn	(形)	opposite
47. 末	mò	(名)	end
48. 变化	biànhuà	(动、名)	change
49. 语言	yǔyán	(名)	language
50. 标准	biāozhǔn	(形)	serving as a standard
51. 老外	lǎowài	(名)	foreigner
52. 独立	dúlì	(动)	independence
53. 坚强	jiānqiáng	(形)	strong
54. 作者	zuòzhě	(名)	writer

专名 Proper nouns

澳大利亚	Àodàlìyà	Australia

四 语言点

（一）基本句

1. 连……都/也……

表示强调在"连"跟"都/也"之间的极端（最低或最高）情况下所出现的结果，含有如果是其他的一般情况，结果当然如此的意思。例如：

"连……都/也……" means indeed; moreover. Used as an intensive to emphasize the result of an event in extremeness between "连" and "都/也" which denotes if it were in an ordinary condition, it would certainly be.... For example:

（1）连孩子都知道这个故事，你怎么还不知道呢？
（2）他连水也没喝就走了。
（3）连他叫什么名字我也忘了问。

2. 即使……也/还……

表示让步。有下面两种情况：

The phrase of "即使……也/还……" denotes concession. There are two kinds of situations as follows:

前后两部分指有关的两件事，前面表示承认某一情况（真实的或假设的），后面表示结果不受这种情况影响。例如：

The former and latter parts refer to two related things; the former part denotes the acceptance of an event (real or unreal) and the latter part denotes the result which is not influenced by the event. For example:

(1) 说吧，即使你说错了，也没关系。

(2) 父母每个月都给我生活费，即使这样，我还是想自己打工。

前后两部分指同一件事，后一部分表示退一步的估计。例如：

The former and latter parts refer to the same event, but the latter part denotes the questimate of concession. For example:

(3) 这雨，即使下也不会太大。

(4) 他现在的汉语水平即使不够六级，也有五级了。

3. 趋向补语"出"的引申用法

表示由隐蔽到显露或从无到有。例如：

"出" used as the complement of event verb indicates from the concealment state to the visible state or from the state of nonexistence to the state of existence. For example:

(1) 妈妈看出了他的心事。

(2) 再忙也得抽出时间锻炼身体。

（二）词语用法

1. 趁

介词。表示利用某种条件或机会。例如：

"趁", a preposition, denotes while, or to take the advantage of a certain condition or a chance. For example:

趁热吃　　趁早准备　　趁年轻多学本领　　趁放假去旅行

2. 对于

介词。表示人、事物、行为之间的对待关系。例如：

"对于" is a preposition. It denotes with regard to which refers to a feeling based on perception of and a measure of approval for the worth of a person or thing. For example:

(1) 对于这个问题，我们还要再研究研究。

(2) 这种习惯，对于健康没有好处。

▲比较"对于"和"对"

"对于"和"对"都有引出动作对象和相互"对待"的意思，用"对于"的地方都可以用"对"，但用"对"的地方，不一定都能用"对于"。表示人的名词、代词或短语前（特别是单个词），一般用"对"；表示事物的名词短语前，一般用"对于"。例如：

"对于" and "对" both can be used to indicate in regard to; as to; for the people, the thing or the behavior the speaker is going to talk about. We can use "对" instead wherever "对于" is used but we can not the other way round. "对" is usually used before a noun, a pronoun, or a phrase about a person, especially a single word; "对于" is usually used before a noun phrase of object. For example:

(1) 对于（对）这件事，大家有不同的看法。

(2) 对于（对）交通紧张的问题，我们正在研究解决。

(3) 老张对谁都那么热情。(×对于谁)

▲比较"对于"和"关于"

"对于"引出与动作有关系的对象，"关于"表示动作涉及的范围。当两种意义都有时，两个词可以互换。例如：

"对于" concerns the object of an action, and "关于" concerns the range of an action. When both situations include, the two words are interchangeable. For example:

(1) 大家对于这个话题很感兴趣。（指出对象）

(2) 关于她的情况，已经不是什么秘密。（涉及的事物和范围）

(3) 对于（关于）你的建议，我们会好好考虑的。（两种意义都有）

"对于"构成的短语做状语时，可以在句首也可以在句中；"关于"构成的短语做状语时，只能放在句首。例如：

When an adverbial phrase composed of "对于", it can be used in front of as well as in the sentence; while a phrase composed of "关于" can only be used in front of the sentence. For example:

(4) 对于中药老张很有研究。

　　老张对于中药很有研究。

(5) 关于开会的时间，我们明天通知大家。

　　× 我们关于开会的时间，明天通知大家。

3. 始终

副词。表示从头到尾持续不变。多用在否定式中。例如：

"始终", an adverb, is more often used in the negative sentence with the meaning of from beginning to end or never. For example:

(1) 我始终不知道他的名字。

(2) 那个女人始终没结婚。

(3) 老王始终坚持自己的意见。

五 操练与交际

(一) 辨音

bàoqiàn（抱歉）	zhuānjiā（专家）
dàoqiàn（道歉）	zhuāngjia（庄稼）
shìjì（世纪）	qīngxǐng（清醒）
sījī（司机）	jīngxǐng（惊醒）
qízhōng（其中）	cuòguò（错过）
qīzhōng（期中）	zuòguo（做过）
liǎnsè（脸色）	rìlì（日历）
rǎn sè（染色）	rénlì（人力）
jiùfù（舅父）	yǒu wù（有误）
jiùhù（救护）	liúrù（流入）
huàféi（化肥）	shēngyù（生育）
huàfēn（划分）	shēngyì（生意）

(二) 朗读下列短语

有本领	值得买	自费留学	重视教育	优良传统
本领大	值得考虑	自费旅游	重视成绩	优良品质
学本领	不值得	自费参加	重视环境	成绩优良
考试之后	真正的朋友	逐渐适应	学习紧张	产生怀疑
下课之后	真正的想法	逐渐变冷	生活紧张	产生感情
比赛之后	真正了解	逐渐忘记	心里紧张	产生问题

46

(三) 朗读下列句子

1. 原来有人请客啊。
2. 原来你女朋友要来啊。
3. 他父母也邀请你呢。
4. 我妹妹也在那儿呢。
5. 这多不好意思，我们也不认识。
6. 这多不好意思，耽误你那么多时间。
7. 哎，别说那么远了，你到底去不去呀？
8. 哎，别说那么远了，你到底同意不同意呀？

(四) 从本课生词表中选择恰当的词语填空

1. 你_____不大，怎么头发都白了？
2. 我们不太_____，只是见过几次面。
3. 父母_____不同意他们俩结婚。
4. 跟小孩子不_____生那么大的气。
5. 今天晚上老张_____，因为他的儿子考上了大学。
6. 受冷空气影响，这几天可能会_____，你要注意多穿衣服。
7. 这件事不能马上决定，我还要再好好_____一下。
8. 这部电影_____了青年人的爱情生活。
9. 毕业_____，他一共换过三个工作。
10. 因为能吃苦，他很快_____了新的工作。
11. 这家饭店生意很_____，去吃饭的人特别多。
12. 图书馆的_____时间为早八点到晚五点。
13. 最近，他总是接到一个_____人的电话。
14. 到了夏天，中午休息时间_____半个小时。

15. 报纸上有_____24 小时的天气预报。

16. 他们虽然是姐妹，性格却_____。

17. 几年不见，他的_____很大，我差点儿不认识他了。

18. 有了孩子以后，你才能_____体会做父母的辛苦。

19. 我_____是他拿走了桌子上的书。

（五） 选择填空

对　对于　关于

1. 他只是_____我点点头，什么也没说就走了。

2. 大家_____这个计划有什么意见，可以说出来嘛。

3. 今天的会就开到这儿，_____宿舍问题，我们下次再说。

4. 你不能_____他的要求太高，他还只是个孩子。

5. _____这个工作，我还不太熟悉。

6. _____月亮，有许多美丽的传说。

趁早　趁热　趁年轻　趁天没黑　趁妈妈没注意

1. 你呀，_____多学点儿有用的本领，别只想着谈恋爱。

2. _____咱们快点儿干吧，晚了就看不清了。

3. 你_____忘了他吧，他是个不值得爱的人。

4. 这些饭菜刚刚做好，你_____吃吧。

5. _____，小丽把男朋友的信夹在了书里。

（六）用下列生词组成短语

值得　　考虑　　改革　　普遍　　请客　　感受

教育　　陌生　　真正　　克服　　理解　　产生

（七）用"动词+出"填空

1. 这是谁_____的决定？

2. 我一下就能_____那是爸爸的笑声。

3. 他的话_____了大家的想法。

4. 你们谁能_____他俩谁是哥哥谁是弟弟？

（八）替换

1

这是一个秘密	你的家人	不能告诉
当时我太紧张	最简单的词	想不起来了
小谢最近忙极了	睡觉的时间	没有
他的英语水平	当小学老师	不够

这几年留学特别火，连<u>很多中小学生都被送出国了</u>。

2

练习听力
了解中国
学做中国菜
免费参观
和他聊天儿

这可是<u>交朋友</u>的好机会。

(九) 用括号里的词语完成句子

1. _____，我们商量一下明年的旅行计划吧。（趁）
2. _____，他拿走了桌子上的钱。（趁）
3. _____，我也要把这篇文章写完。（即使）
4. 即使你没去过北京，_____。（也）
5. _____，你不用那么认真。（对于）
6. _____，爱米一直不能理解。（对于）
7. 这个问题太难回答了，_____。（连……都……）
8. 参加比赛的人特别多，_____。（连……也……）
9. 多年来，老王_____。（始终）
10. 她已经28岁了，_____。（始终）

(十) 根据课文内容，用所给的词语回答问题

1. 明天孙明为什么不能跟山本"互相学习"了？（辅导、留学、请）
2. 在中国，出国留学的人多吗？（火、连……都……）
3. 山本到底去不去？为什么？（当然、可）
4. 改革开放以来，中国的留学市场有什么新特点？（一是……二是……、越来越）

(十一) 功能会话

道歉

1. A：对不起，打坏了您的花瓶儿。
   B：没事儿，下次小心点儿。

目标汉语·基础篇 5

2. A：真不好意思，不能跟你一起去喝咖啡了。
   B：我们再找时间吧。

3. A：很抱歉，让你等了这么长时间。
   B：没关系，我今天休息。

（十二）阅读

人在澳大利亚

我是高中毕业之后来澳大利亚留学的。初到澳大利亚的时候，我对这里的感觉只有两个字——陌生。走在街上，看到的不再是黄色的脸，听到的不再是熟悉的中文，这时才真正感觉到自己离开了父母，离开了祖国。

澳大利亚在南半球，这里的季节和中国正好是相反的。我去年3月来的时候，下了飞机，发现这里是夏天，才一天的时间，就从初春到了夏末，这让我兴奋了好半天呢！有时和父母聊天，一不小心就会问："这里今天很热，那边也很热吗？"大概不到一个月，我就逐渐适应了澳大利亚的生活，紧张的学习让我没有更多时间注意季节的变化。

另外，我还有一个最深的感受，是关于语言学习的。我们在学校学习的都是标准的英国或美国英语，真正到了国外之后，才发现老外的发音不都标准，有的连英语最好的留学生也听不懂。一些人对于自己的语言能力产生了怀疑。不过，适应了一段时间后，大家渐渐克服了这方面的困难(kùnnán, difficulty)。

时间过得真快呀，我来这里已经一年了。一年的留学生活，让我变得独立、坚强。一些事情在家时不能理解，现在我已经完全明白了。我开始打工，体会父母挣钱的辛苦。我觉得，在这一年里，我已经从一个男孩，逐渐变成了男人，一个年纪轻轻的大男人！

1. 读后选择正确答案

（1）从文中我们知道，作者_____。
   A. 喜欢夏天　　　　　　　　　B. 年纪很大
   C. 留学澳大利亚一年了　　　　D. 怀疑自己的语言能力

（2）文中第二段的"好半天"是什么意思？
   A. 很长时间　　　　　　　　　B. 不长时间
   C. 半天时间　　　　　　　　　D. 不一会儿

（3）下面哪个内容文章没有提到？
   A. 作者初到澳大利亚的陌生感觉　B. 语言学习中的感受
   C. 独立生活的好处　　　　　　D. 父母对自己的帮助

（4）通过打工，作者_____。
   A. 了解了澳大利亚　　　　　　B. 解决了学费问题
   C. 体会了挣钱的辛苦　　　　　D. 克服了语言问题

2. 连线后朗读

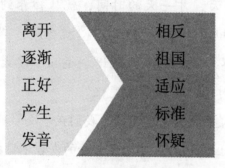

离开　　　　相反
逐渐　　　　祖国
正好　　　　适应
产生　　　　标准
发音　　　　怀疑

3. 根据课文内容说说作者留学的收获（shōuhuò, results）

(十三) 交际

1. 自由表达

说说你来中国留学的原因或目的。

（这些词语可以帮助你：火、锻炼、自费、即使……也……、趁……）

2. 完成任务

根据下面的提示，二人分别扮演玛丽亚和小美，玛丽亚给小美打电话说明情况。

新华书店有一些图书正在打折，玛丽亚和小美约好了星期六一起去看看，可是玛丽亚突然有事儿不能去了。她只好给小美打电话，说明情况。小美表示，她可以等玛丽亚有时间再一起去，不过必须在下周五前，因为到那时打折活动就结束了。

第4课 Lesson 4 童年

(星期六早晨，大卫和于自强去学校附近的公园跑步。)

于自强：大卫，早起的感觉如何？

大　卫：感觉好极了，伸伸懒腰，呼吸呼吸新鲜空气，真舒服。

于自强：我们起得不算早，你看小学生都背着书包上学了。哎，那不是小明吗？小明！

小　明：自强哥！

于自强：小明，又去上课呀？

小　明：嗯，上午有两节英语课，下午还要学习美术。

大　卫：你好，我叫大卫，是你哥哥的朋友。

小　明：你好，我是小明。

大　卫：你怎么周末还上课呢？

小　明：我妈妈给我报了几个特长班。

大　卫：你们在学校都上什么课？

小　明：有语文、数学、英语、体育，还有电脑课。

大　卫：这些课就是特长班吗？

小　明：不是，特长班是自己课外学的。有音乐、舞蹈、美术、外语什么的。哦，我该走了，回头见！

大　卫：再见！自强，咱们也回去复习功课吧。

于自强：还没锻炼就回去了？这不是白来了吗？

大　卫：跑步回去，行吧？你看人家小朋友学习都那么刻苦，我也不能落后呀。

于自强：没想到，你还挺有决心呢。

（二）

有人说，中国的孩子没有童年。他们从走进校门的那一天开始就面对着沉重的学习压力。除了上课、考试，课外还有大量的作业，还要上各种辅导班、特长班。而孩子们好玩儿的特点却被大人忘记了。近几年，中小学开始"减负"，意思是"减轻课业负担"，可是由于升学的竞争和望子成龙的心理，老师和家长都不敢让孩子太放松。结果，考试、作业、家教、辅导班还是不少，孩子们没有得到真正的解放。

1. 感觉好极了。
2. 你们在学校都上什么课？
3. 我该走了，回头见！
4. 这不是白来了吗？

三 生词

1. 童年	tóngnián	（名）	childhood	
2. 如何	rúhé	（代）	how about it	
3. 腰	yāo	（名）	waist	
4. 呼吸	hūxī	（动）	breathe; breath	
5. 节	jié	（量）	section; length	
6. 美术	měishù	（名）	art	
7. 特长	tècháng	（名）	special aptitude	
8. 语文	yǔwén	（名）	Chinese (as a subject of study)	
9. 数学	shùxué	（名）	mathematics	
10. 舞蹈	wǔdǎo	（名、动）	dance	
11. 外语	wàiyǔ	（名）	foreign language	
12. 回头	huítóu	（副）	after a while	
13. 功课	gōngkè	（名）	schoolwork	
14. 白	bái	（副）	in vain	
15. 刻苦	kèkǔ	（形）	assiduous	
16. 落后	luòhòu	（动）	fall behind	
17. 决心	juéxīn	（名、动）	determination; be determined to	
18. 面对	miànduì	（动）	face	
19. 沉重	chénzhòng	（形）	heavy	

第 4 课 童年

57

20. 压力	yālì	(名)	pressure
21. 大量	dàliàng	(形)	large number
22. 各种	gèzhǒng	(代)	every kind of
23. 而	ér	(连)	but; and
24. 大人	dàrén	(名)	adult
25. 减轻	jiǎnqīng	(动)	decrease
26. 负担	fùdān	(名、动)	burden
27. 升学	shēng xué		go to a school of a higher grade
28. 竞争	jìngzhēng	(动)	compete
29. 望子成龙	wàng zǐ chéng lóng		long to see one's son succeed in life
30. 心理	xīnlǐ	(名)	psychology
31. 家长	jiāzhǎng	(名)	parent or guardian of a child
32. 放松	fàngsōng	(动)	relax
33. 结果	jiéguǒ	(连)	finally; at last
34. 家教	jiājiào	(名)	private teacher
35. 解放	jiěfàng	(动)	liberate; liberation
36. 培养	péiyǎng	(动)	foster
37. 严厉	yánlì	(形)	severe
38. 后悔	hòuhuǐ	(动)	regret
39. 心爱	xīn'ài	(形)	beloved
40. 玩具	wánjù	(名)	toy

41.	羡慕	xiànmù	（动）	admire
42.	社会	shèhuì	（名）	society
43.	安慰	ānwèi	（动）	comfort
44.	珍惜	zhēnxī	（动）	treasure
45.	宝贵	bǎoguì	（形）	valuable
46.	完成	wánchéng	（动）	accomplish
47.	门	mén	（量）	a measure word of field of study or technical training
48.	架	jià	（量）	a measure word used for planes, piano, etc.
49.	钢琴	gāngqín	（名）	piano
50.	弹	tán	（动）	play
51.	手指	shǒuzhǐ	（名）	finger
52.	抬	tái	（动）	lift; carry sth. with hands or shoulders
53.	发火	fā huǒ		get angry
54.	委屈	wěiqu	（形）	feel wronged
55.	眼泪	yǎnlèi	（名）	tear
56.	任务	rènwu	（名）	task
57.	面前	miànqián	（名）	in the face of
58.	伙伴	huǒbàn	（名）	partner
59.	题目	tímù	（名）	title

四 语言点

(一) 基本句

1. "有"字句(3)

表示包含或列举，"有"可以连用。例如：

When used to indicate containing or listing, "有" can be used in succession. For example:

(1) 参加报告会的有工人、干部（gànbù, cadre）、学生、教师。

(2) 参加报告会的有工人，有干部，有学生，有教师。

(3) 草地上开满了鲜花，有红的，有黄的，有白的……漂亮极了。

一部分"有+名词"可以受"很、挺、非常"等程度副词修饰，表示评价。其中的名词一般是抽象名词。例如：

Some of "有 + N." structures can be modified by adverbs of degree like "很，挺，非常" etc. indicating appreciation or evaluation, and the nouns used in the structures are often abstract nouns. For example:

(1) 白先生的书法很有水平。

(2) 这个活动挺有意义。

▲有些名词跟"有"结合，不用程度副词也表示出程度较深的意思。例如：

Some of the nouns used with "有", without adverbs of degree can also indicate quite, very much, greatly, highly. For example:

有钱→钱很多　　有学问→学问大　　有年纪→年纪大

"有"后面由某些动词做宾语时，表示新情况的发生和出现。例如：

Some of the verbs used after "有" as an object indicate that the new action or situation appears. For example:

（1）这些年，我国的基础教育有了很大发展。

（2）中国人的生活水平有了很大提高。

"有"还表示主语达到某种数量或程度。多用于估量。例如：

"有" is more often used to indicate to estimate the subject has reached some quantity or certain degree. For example:

（1）一个西瓜有十多斤呢。

（2）看样子，他有五十岁。

2. ……，而……

多用于书面语。

"……，而……" is more often used in written Chinese.

表示转折。例如：

Indicates a turn in the course of events or transition. For example:

（1）这种苹果大而不甜。

（2）我们在这儿紧张工作，而他们却在喝茶聊天。

表示并列。例如：

Indicates juxtaposition, or parataxis. For example:

（1）这儿的瓜大而甜。

（2）她是一位聪明而美丽的姑娘。

3. ……，结果……

表示在某种条件或情况下产生某种结局。例如：

"……，结果……" indicates the result under the certain condition. For example:

（1）他喝了两瓶白酒，结果住进了医院。

（2）小刚昨天睡得太晚，结果今天上课迟到了。

(二)词语用法

1. 节

名量词。A measure word.

三节课　第一章第二节　两节车厢（chēxiāng, railway carriage）

2. 白

副词。An adverb.

表示没有作用，没有效果。例如：

Indicates in vain or to have no function or no effect. For example:

(1) 你说也是白说，他不会相信的。

(2) 昨天银行休息，我白跑了一趟。

表示无偿、无代价。例如：

Indicates gratuitous, free of charge, or no cost. For example:

(1) 虽然是朋友，我也不能白吃你的。

(2) 一分钱也没挣到，今天的活儿白干了。

▲有时可以用"白白"加强语气，但"白白"后面一般不接单个的单音节词，而"白"不受此限。例如：

Sometimes "白白" can be used as an intensifier, which is usually not followed by a single monosyllabic character; but "白" is not restricted to this usage. For example:

(1) 昨天银行休息，我白跑了一趟。（√白白）

(2) 你说也是白说，他不会相信的。（×白白）

五 操练与交际

(一) 辨音

chénzhòng（沉重）　　　hūlüè（忽略）
chéntòng（沉痛）　　　wǔlüè（武略）

kèkǔ（刻苦）　　　réngrán（仍然）
kègǔ（刻骨）　　　lǐnrán（凛然）

wǔdǎo（舞蹈）　　　lǎnrén（懒人）
dédào（得到）　　　nánrén（男人）

sīrén（私人）　　　zīshì（姿势）
shīrén（诗人）　　　zhīshi（知识）

xīncūn（新村）　　　wùzhì（物质）
xīnchūn（新春）　　　wūzi（屋子）

chūbù（初步）　　　jìnsì（近似）
cūzhòng（粗重）　　　yìshì（议事）

(二) 朗读下列短语

感觉如何	成绩落后	有决心	减轻负担	放松一下
味道如何	经济落后	下决心	减轻压力	放松心情
身体如何	不该落后	决心大	减轻重量	放松身心
培养特长	严厉的声音	有点后悔	心爱的玩具	多么羡慕
培养兴趣	严厉的老师	不会后悔	心爱的礼物	非常羡慕
培养感情	严厉的态度	后悔没去	心爱的人	羡慕别人

第4课 童年

(三) 朗读下列句子

1. 大卫，早起的感觉如何？
2. 大卫，这咖啡味道如何？
3. 哎，那不是小明吗？
4. 哎，那不是张老师吗？
5. 跑步回去，行吧？
6. 我来请客，行吧？

(四) 从本课生词表中选择恰当的词语填空

1. 病人现在_____困难（kùnnán, difficult），马上把医生叫来！
2. 我希望每个孩子都有一个幸福的_____。
3. 你学习要是像姐姐那样_____，你的成绩就不会这么低了。
4. 听到这个消息以后，他的心情变得非常_____。
5. 社会发展太快，一天不学习就会_____。
6. 孩子们工作以后，老张的家庭_____减轻了不少。
7. 他_____忘记过去，开始新的生活。
8. 大卫新买的手机丢了，同学们知道后都来_____他。
9. 他们家三个儿子都上了大学，真让人_____啊。
10. 在丈夫_____她总像个孩子。
11. 听着爸爸的批评，他觉得_____，却什么也没说。
12. 你现在的_____就是好好休息，不要着急工作。
13. 这张桌子太大，一个人拿不了，还是两个人_____吧。
14. 为准备这些材料，他花了_____的时间。
15. 工作的时候_____特别大，回到家里就可以好好_____了。

16. 这儿有_____小吃，我们一起尝尝吧。

17. 每天晚上，妈妈都为复习_____的孩子端来一杯牛奶。

(五) 用下列生词组成短语

落后　　　沉重　　　刻苦　　　培养　　　大量

白(副词)　安慰　　　珍惜　　　宝贵　　　完成

(六) 完成句子，注意"而"的用法

1. 这种苹果大而_____，你最好不要买。

2. 北京烤鸭肥而不腻（nì, greasy），_____。

3. 这里的农业发展很快，而_____。

4. _____黑而亮，真让人羡慕。

5. 他是个聪明而_____的小伙子。

(七) 把下面的句子改成"有"字句

1. 新年晚会的节目很多：唱歌、跳舞、服装表演等。
   _____

2. 对于这种问题，老王办法很多。
   _____

3. 新来的汉语老师能力很强。
   _____

4. 结婚以后，他变化很大。
   _____

5. 我孩子长得像我这么高了。
   _____

6. 那条河八千米长。
   _____

（八）替换

1

太阳都那么高了
宿舍里都没有人了
大家都开始吃早饭了
有多少人在我们前面

我们起得不算早，你看小学生都背着书包上学了。

2

上课去
上班
回办公室
买菜去
干活去

我该走了，回头见！

3

用几次	坏了	花钱了
看到一半	不看了	买电影票了
见到经理	让我们走	跑一趟
开始	要结束	忙了

还没锻炼就回去了？
这不是白来了吗？

4

你看人家小朋友<u>学习</u>都那么<u>刻苦</u>，我也不能落后呀。

练得	认真
起得	早
表演得	精彩
汉字写得	漂亮

（九）模仿

1. A：<u>大卫</u>，<u>早起</u>的感觉如何？

   B：感觉好极了，<u>伸伸懒腰，呼吸呼吸新鲜空气</u>，真<u>舒服</u>。

   A：＿＿＿＿＿＿＿，＿＿＿＿＿＿感觉如何？

   B：感觉好极了，＿＿＿＿＿＿＿＿＿＿，真＿＿＿＿。

2. A：你好，我叫<u>大卫</u>，是<u>你哥哥的朋友</u>。

   B：<u>你好，我是小明</u>。

   A：你好，我叫＿＿＿＿＿＿，是＿＿＿＿＿＿。

   B：＿＿＿＿＿＿＿＿＿＿＿＿＿＿＿＿。

3. 结果，<u>考试、作业、家教、辅导班</u>还是<u>不少</u>，<u>孩子们没有得到真正的解放</u>。

   结果，＿＿＿＿＿还是＿＿＿＿＿＿，＿＿＿＿＿＿。

十 根据课文内容,用所给的词语回答问题

1. 星期六小明要做什么?(上午、下午)
2. 小明在学校上哪些课?(有……还有……)
3. 大卫为什么要回去复习功课?(刻苦、落后)
4. 什么叫"减负"?(意思是……)
5. 为什么孩子们没有得到真正的解放?(竞争、心理、不敢)

十一 功能会话

1. 列举

    (1) A:每天早上公园里都有很多人,有的跑步,有的打太极拳,有的跳舞,热闹极了。

    B:是吗?有时间我也去锻炼锻炼。

    (2) A:你为什么买这里的房子?

    B:第一,价钱不贵;第二,上班很近;第三嘛,我喜欢这里的环境。

2. 解释

    (1) A:我想换个办公室,可找了几次经理,他都说再研究研究。

    B:"研究研究"的意思就是"不行",这你还不明白吗?

    (2) A:老师,什么是"减负"?

    B:"减负"是"减轻负担"的意思。

（十二）阅读

　　为了培养我有一门特长，爸爸妈妈拿出准备买房子的钱，买回一架钢琴，还专门给我请了钢琴老师。我很喜欢弹钢琴，一回家，我就高高兴兴地坐在钢琴前，认认真真地练习。这时候，爸爸和妈妈也常常过来看我弹。可是，不一会儿就会听到："手指不对！""抬指！"这是妈妈冷冰冰的声音。"弹错了！""怎么搞的？"这是爸爸严厉的声音。我听到这些，高兴的心情立刻没有了，变得无精打采。妈妈看我一点儿精神也没有，不但不理解我、安慰我，还生气地说："别人想买钢琴都没有条件，你还不好好儿珍惜！"爸爸也发火了："这么宝贵的时间都白白过去了，你呀！长大就知道后悔了！"我觉得委屈，眼泪也跟着流了下来。结果，每天我几乎都是含着泪完成练琴任务的。

　　我多么希望爸爸妈妈把钢琴卖掉啊！因为这样我就不用弹琴了。每天写完作业后，我就可以休息一下，看看喜欢的课外书。我还可以跟心爱的玩具说说心里话，跟邻居的小朋友们在楼前跑一跑、跳一跳。可是，每当我放下笔，刚拿出课外书或者玩具，爸爸妈妈就会出现在我面前，对我说："练琴去！"虽然声调不高，可却那么严厉。有了这种压力，每一天我都那么难过。

　　我弹着钢琴，听着外面伙伴们的玩笑声，我多么羡慕他们，多么希望跟他们一样快乐啊。

（作者：申文，有删改）

1. 读后选择正确答案

(1) 下面哪个题目最适合这篇文章？
    A.《我的希望》   B.《我的钢琴》
    C.《我的爱好》   D.《给爸爸妈妈的一封信》

(2) 文中第一段"无精打采"是什么意思？
    A. 不精彩   B. 不舒服
    C. 不高兴   D. 没意思

(3) 作者为什么希望卖掉钢琴？
    A. 不喜欢弹琴   B. 想为家里省钱
    C. 她父母不喜欢   D. 希望有玩儿的时间

(4) 关于作者，下面哪种说法是错的？
    A. 她还是一个孩子   B. 她一直不喜欢弹钢琴
    C. 她对现在的生活不满意   D. 她喜欢多跟小朋友玩儿

(5) 从文中我们可以知道：_____。
    A. 父母想让"我"成为钢琴家   B. 买钢琴花掉了家里很多钱
    C."我"的父母钢琴弹得都很好   D. 父母不喜欢"我"弹钢琴

2. 连线后朗读

培养	珍惜
觉得	时间
好好儿	委屈
宝贵的	声音
严厉的	任务
完成	特长

(十三) 交际

1. 自由表达

说说自己小时候的学习情况。

[这些词语可以帮助你：压力、上课、课外、好（hào）、刻苦……]

2. 完成任务

（1）采访一位小学生，完成调查表。

姓名			年级	
校内	一共学习几门课？什么课？			
	每周上多少节课？			
	每天什么时间上学？			
	每天什么时间放学？			
校外	每天做作业用多长时间？			
	特长班、辅导班	参加了哪些班？		
		每周学习多长时间？		
最喜欢做的事是什么？				

（2）说说采访后的感受。

第5课 老年生活

（一）

李小兰：张大妈，拿了这么多东西，您去哪儿呀？

张大妈：是小兰哪，我去老年大学。

李小兰：这是我的朋友爱米，美国留学生，这位是邻居张大妈。

爱　米：大妈您好！

张大妈：你好！姑娘，在中国的生活还习惯吧？

爱　米：习惯，谢谢您的关心。

李小兰：张大妈，东西重不重？我帮您拿吧。

张大妈：不重，里边都是演出用的东西。下星期六是老人节，学校要开晚会，我们准备了几个节目。

爱　米：什么是老人节？

李小兰：就是传统的重阳节，在农历九月初九，因为"九"跟"久"发音一样，为了尊敬老人、关照老人，就把这天定为老人节了。

爱　米：原来是这样。我能参加你们的晚会吗？

张大妈：当然可以，晚会上节目可多了，有歌曲，有舞蹈，还有服装表演呢，参加演出的都是老年人。

李小兰：大妈，你们的生活真够丰富多彩的！

张大妈：生活好了，儿女们也都大了，我们老年人该享受享受了。对了，学校还组织了英语班，爱米姑娘，你给我们当外教吧。

爱　米：没问题，我还想请您教我唱京剧呢。

根据统计，目前中国60岁以上人口已经超过1.6亿，约占总人口的12%。这么多老人，他们都是怎样生活的呢？城市里，老人们的集体活动很多，跳舞、唱歌、打拳、练操……；在农村，老人们始终坚持劳动，休息时就坐在一起喝茶聊天、下棋打牌。他们那热情而开朗的

生活态度,真让年轻人羡慕。不过,老年人口的不断增加,给社会带来了新的问题,老人们的生活也将面临许多困难。这就需要政府努力建立完善的社会养老体系,让老年人真正有一个美好的晚年。

常用句

1. 在中国的生活还习惯吧?
2. 谢谢您的关心。
3. 原来是这样。

 生词

1. 老年	lǎonián	（名）	old age
2. 大妈	dàmā	（名）	aunt (an affectionate or respectful form of address for an elderly woman)
3. 姑娘	gūniang	（名）	girl
4. 初	chū	（名）	first(in order, used in front of the first ten days of a lunar month)
5. 尊敬	zūnjìng	（动）	respect
6. 丰富多彩	fēngfù duōcǎi		rich and varied
7. 儿女	érnǚ	（名）	sons and daughters
8. 外教	wàijiào	（名）	foreign teachers
9. 以上	yǐshàng	（名）	more than
10. 人口	rénkǒu	（名）	population
11. 超过	chāoguò	（动）	surpass; above
12. 亿	yì	（数）	hundred million
13. 约	yuē	（副）	about
14. 占	zhàn	（动）	constitute; hold
15. 总	zǒng	（形、副）	general; always
16. 集体	jítǐ	（名）	collective
17. 操	cāo	（名）	exercise composed of a series of movements

18. 农村	nóngcūn	(名)	rural area
19. 劳动	láodòng	(动)	physical labour
20. 下棋	xià qí		play chess
21. 开朗	kāilǎng	(形)	sanguine
22. 将	jiāng	(副)	will; be going to
23. 面临	miànlín	(动)	be faced with
24. 困难	kùnnan	(形、名)	difficult; difficulty
25. 需要	xūyào	(名、动)	needs; need
26. 政府	zhèngfǔ	(名)	government
27. 建立	jiànlì	(动)	build; establish
28. 完善	wánshàn	(形)	perfect
29. 养	yǎng	(动)	support; raise
30. 体系	tǐxì	(名)	system
31. 晚年	wǎnnián	(名)	old age
32. 物质	wùzhì	(名)	matter; substance
33. 独自	dúzì	(副)	alone
34. 自由	zìyóu	(形、名)	freedom
35. 感到	gǎndào	(动)	feel
36. 迅速	xùnsù	(形)	rapid
37. 生产	shēngchǎn	(动)	produce
38. 建设	jiànshè	(动)	build
39. 追求	zhuīqiú	(动)	seek

40. 嘱咐	zhǔfù	（动）	enjoin
41. 使	shǐ	（动）	have sb. do sth
42. 空	kōng	（形）	empty
43. 巢	cháo	（名）	nest of a bird
44. 指	zhǐ	（动）	refer to
45. 近年	jìnnián	（名）	in recent years
46. 数量	shùliàng	（名）	quantity
47. 加快	jiākuài	（动）	accelerate
48. 过程	guòchéng	（名）	course of events
49. 家乡	jiāxiāng	（名）	hometown
50. 此外	cǐwài	（连）	besides
51. 少	shào	（名）	the young
52. 精力	jīnglì	（名）	vigour
53. 首	shǒu	（量）	a measure word used for poems or songs
54. 前途	qiántú	（名）	future
55. 愿望	yuànwàng	（名）	desire

专名 Proper nouns

重阳节　　Chóngyáng Jié　　a traditional festival

四 语言点

(一) 基本句

兼语句

兼语句是由一个动宾结构和一个主谓结构套在一起构成的，前一个动宾结构的宾语兼做后一个主谓结构的主语。例如：

Jianyu Sentences are sentences composed of a Verb-Object(VO) structure and a Subject-Predicate (SV) structure; the object of the VO structure is used as the subject of the SV. For example:

我们请您教京剧。

充当兼语句谓语的动词主要有三类：
The verbs used in Sentences can be classified into three kinds:

一、具有使令意义的动词，如"使、让、叫、派、请、要求"等。例如：
Causative verbs like "使，让，叫，派，要求" etc. For example:

(1) 开会的时间就让李主任决定吧。
(2) 经理派我去银行取钱。

二、具有称谓、认定意义的动词，如"叫、称、认、选"等。例如：
Verbs of calling, approve, accept, or confirm like "叫，称，认，选" etc. For example:

(1) 你们选谁当班长？
(2) 孩子们亲切地叫她为月亮妈妈。

三、"有"、"是"做兼语的第一个动词。例如：
"有" and "是" are used in Jianyu Sentences as the first verb. For example:

（1）爱米有个中国朋友叫李小兰。
（2）是我告诉他的。

（二）词语用法

1. 初

词头。加在一到十前，表示农历一个月前十天的次序。例如：

"初" is a prefix. When 初 is used before numeral "一" to "十", it indicates the order of the first ten days of every Chinese lunar month. For example:

  大年初一 五月初五 七月初七 九月初九

2. 小数、分数、百分数的表示法

▲小数

小数通常的说法是把小数点读成"点"，小数点以后的部分只读系数词，小数点以前的部分跟一般称数法一样。例如：

The point in the decimal fraction is often read "点", the number after the point coefficents is often read and before the point the ordinary numerals is read. For example:

  0.2——零点二   3.14——三点一四
  168.55——一百六十八点五五

▲分数

分数通常的说法是先读分母再读"分之"，最后读分子。例如：

The way of reading fraction is often like this, reading the denominator first, then "分之" and the numerator. For example:

  2/3——三分之二   7/8——八分之七

▲百分数

分母为100的分数叫百分数,读作"百分之……"。例如:

When the denominator is 100, this kind of fraction is called percentage and is read "百分之……". For example:

25%——百分之二十五   150%——百分之一百五十

3. 将

副词,用于书面语。

"将" is an adverb and is often used in written Chinese.

表示动作或情况不久就会发生;就要。例如:

Indicates the action or the event will happen immediately after the speaking or be to. For example:

(1) 比赛将按时开始。

(2) 明天将有一位新同学加入我们班。

表示对未来情况的判断。例如:

Indicates the judgment of the event that will happen in the future. For example:

(3) 谁将成为班长?

(4) 我将永远记住这难忘的一天。

五 操练与交际

(一) 辨音

zìzhì(自治)   zìyuàn(自愿)

zìzhòng(自重)   zhìyuàn(志愿)

zhāi huā（摘花）　　　jūzhù（居住）
zāihuò（灾祸）　　　　jīshù（基数）

yùjiàn（遇见）　　　　yǔjù（雨具）
yìjiàn（意见）　　　　yǐjí（以及）

qūyù（区域）　　　　　jìxù（继续）
qíyì（奇异）　　　　　jùshì（句式）

qǔ míng（取名）　　　xiū lù（修路）
qǐ míng（起名）　　　shōurù（收入）

cāo xīn（操心）　　　xiàoxīn（孝心）
zāoxīn（糟心）　　　　jiàoxùn（教训）

guīlǜ（规律）　　　　jùhuì（聚会）
guīdìng（规定）　　　jīhuì（机会）

qiān zì（签字）　　　jítǐ（集体）
qīnzì（亲自）　　　　jǔqǐ（举起）

第5课　老年生活

 朗读下列短语

尊敬老师　　精神生活　　集体活动　　坚持劳动　　九月初九
尊敬父母　　物质生活　　集体婚礼　　喜欢劳动　　五月初五
受到尊敬　　晚年生活　　集体舞　　　劳动人民　　正(zhēng)月初一

性格开朗　　面临困难　　独自生活　　自由活动　　感到幸福
心情开朗　　面临毕业　　独自完成　　自由时间　　感到满足
不够开朗　　面临考试　　独自面对　　不自由　　　感到难过

(三) 读出下面小数、分数和百分数

1. 0.15　　　0.06　　　3.1416　　　74.6　　　135.79
   103.08　　44.14　　　89.31　　　964.82　　201.3

2. 1/2　　2/3　　5/8　　7/10　　1/1000

3. 1%　　20.6%　　50%　　85%　　98%　　200%

(四) 从本课生词表中选择恰当的词语填空

1. 这孩子长得真快，个子都_____我了。

2. 出发前妈妈_____女儿要经常给家里打电话。

3. 办公室通知，今天下午两点在图书馆门前照_____照。

4. 你生活上有什么_____就来找我，不要客气。

5. 我们班今年的_____成绩比去年高很多。

6. 现在电话_____线，你一会儿再打吧。

7. 身高一米三_____的儿童，坐公交车必须买票。

8. 孩子出国以后，老人_____了一只小狗陪着自己。

9. 这个计划还有不_____的地方，我们再开会研究一下。

10. 那个大眼睛高个子的_____是谁？

11. 年轻人怎么能没有_____的目标？

12. 这个地方将要_____一个停车场。

13. 听到妈妈开门的声音，他_____关上电视，拿出书本。

14. 妻子出差了，我终于_____了！

15. 出国留学是他最大的_____。

16. 山本这次回国是为了参加哥哥的婚礼，_____他还想看看女朋友。

17. 有时候_____比结果更重要。

18. 小张又聪明又有能力，是个很有_____的小伙子。

(五) **用下列生词组成短语**

尊敬　　丰富多彩　　困难　　需要　　养
迅速　　生产　　　　建设　　追求　　自由

(六) **根据例子用"将"改写句子**

例：飞机要起飞了。
　　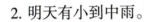飞机将要起飞了。

1. 他一人要参加三场比赛。
   _____

2. 明天有小到中雨。
   _____

3. 电影马上要开始，请同学们安静。
   _____

4. 谁是我未来的妻子？
   _____

5. 我们始终相信，孩子们的明天会更美好。
   _____

(七) **替换**

小钱	恋爱故事	有意思
老周	工作	辛苦
小姐	手续	麻烦
自强哥	考试题	难
老板	服务	周到

1

大妈，你们的生活真够<u>丰富多彩</u>的！

2 没问题,我还想请您教我唱京剧呢。

帮我修电脑
给我按摩按摩
为我介绍工作
辅导我语法

(八) 给括号中的词语选择合适的位置

1. A 你 B 这样做 C 想过别人的感受?(是否)　　____
2. 我们 A 需要 B 对这个问题 C 研究。(进行)　　____
3. A 妈妈 B 没有 C 说出那个秘密。(始终)　　____
4. 大家 A 别着急,B 一个 C 一个。(接着)　　____
5. 他的 A 消息 B 给我们 C 带来新的希望。(将)　　____
6. 即使没有人 A 来接我,B 我 C 能找到这个地方。(也)　　____
7. A 他 B 英语说得好,C 日语说得也不错。(不仅)　　____

(九) 判断对错

1. 就这样,我们白白等了一天。　　(　)
2. 你对于我有什么意见可以说出来。　　(　)
3. 去年毕业生的人数比今年少了一倍。　　(　)
4. 直到第二天中午我才接到他的电话。　　(　)
5. 我已经在这里学习八个月多了。　　(　)
6. 他帮了那个姑娘,却姑娘一句感谢的话也没说。　　(　)

(十) 完成句子

1. 今天下午科长派我_____。
2. 妈妈让正在看电视的孩子_____。

3. 你舞跳得好，同学们想请你 _____。

4. 父亲嘱咐我们 _____。

5. 这个消息使我们 _____。

6. 你怎么总叫我 _____？

（十一）功能会话

关心

1. A：你习惯这儿的生活了吗？
   B：早就习惯了，谢谢你的关心。

2. A：你感冒好了吗？
   B：好点儿了，你放心吧。

（十二）阅读

空巢家庭

"空巢家庭"是指儿女不在身边，只有老年人独自生活的家庭。近年来，中国"空巢家庭"的数量不断增加。

经济发展水平的提高是"空巢家庭"迅速增多的主要原因。在发展生产，加快建设的过程中，人们的工作经常发生变化，越来越多的年轻人离开父母，离开家乡，这使许多大家庭变成了小家庭。此外，物质生活水平提高后，人们开始追求精神生活，老少两代人也都要求有独立的生活空间和更多的自由。

不过，跟年轻人比，老年人的活动空间要小得多，他们的大部分精力都放在儿女身上。儿女不在身边，家里空空的，老人的心里也空空的。孩子的照片看了又看，孩子的来信读了一遍又一遍。他们最关心天气冷暖，每次打电话都不停地嘱咐儿女注意身体，而自己的困难却一句不说。

有一首歌很流行，歌名叫《常回家看看》，它唱出了空巢老人的心理。其实老人对孩子没有太多的要求，也不愿意影响他们的工作和前途。他们最大的愿望就是儿女能常回家看看，跟自己说说话、聊聊天，问问自己的需要和感受。这些要比礼物和钱更能让老人感到幸福和满足。

1. 读后判断对错

   (1) "空巢家庭"是指没有儿女的老年人组成（zǔchéng, form）的家庭。　　　　　　　　　　　　　　　　　　　　（　）
   (2) 近年来中国的"空巢家庭"越来越多。　　　　　　（　）
   (3) 年轻人外出打工是"空巢家庭"形成的一个原因。（　）
   (4) 老年人和青年人都需要独立的空间。　　　　　　（　）
   (5) 收到孩子寄来的钱，老人感到最幸福。　　　　　（　）
   (6) 老年人都关心天气。　　　　　　　　　　　　　（　）
   (7) 父母不愿影响孩子的工作和前途。　　　　　　　（　）
   (8) 老人们都希望儿女会唱《常回家看看》这首歌。（　）

2. 朗读下面的短语

   独自生活　　不断增加　　迅速增多　　发展生产　　加快建设
   精神生活　　独立空间　　不停地嘱咐　一句不说　　影响前途

（十三）交际

   1. 自由表达

      介绍自己熟悉的一位老人，比如自己的爷爷、奶奶等。
      （这些词语可以帮助你：独自、物质、精神生活、丰富多彩、愿望、满足、幸福……）

2. 完成任务

(1)采访一位老人,完成下面的调查表:

称呼		年龄		性别		
以前做什么工作?						
家里有哪些人?						
现在和谁住在一起?						
从哪儿得到生活费?						
有什么爱好?						
一天的生活是怎么过的?		早晨	上午	下午	晚上	
对目前的生活是否满意?(请说明原因)						

(2)谈谈采访后的感受。

第6课 就业

丁大朋：先生，您好，我叫丁大朋，是外国语大学日语专业的毕业生，我是来应聘的。

李秘书：是小丁啊，快请坐。你发过来的简历我们已经看过了，写得不错嘛。

丁大朋：多谢夸奖。我想应聘贵公司的日语翻译，我相信自己有能力做好这份工作。

李秘书：你的简历上说你大学毕业以后曾经去日本实习过一年，收获很大吧？

丁大朋：是啊，不仅语言方面有了很大提高，而且对日本的经济、文化也有了进一步的了解，特别是积累了工作经验。

李秘书：有工作经历的人我们最欢迎。经理马上就来，你们用日语谈谈吧。

(晚饭后,张云全家出去散步,碰到了林爱华)

张　云:小林,才回来呀。

林爱华:是啊,刚下班。

张　云:听说你的生意不错。

林爱华:还行吧,忙了半年多,总算好起来了。

李书文:说起来真是不容易,现在那么多下岗职工,再就业多难哪。

林爱华:我曾经跑了不少职业介绍所,可自己条件有限,很难找到满意的工作。后来经过反复考虑,我才下定决心干个体。

李书文:自己当老板,不是更好吗?

张　云:你在服装厂工作过,也算是有经验嘛。

林爱华:不行,做生意是门学问,我现在是边学边干。

张　云：你也太谦虚了。

林爱华：对了，兰兰，从下个月起我想跟你学学英语，不知你有没有时间？

李小兰：林阿姨也想学外语？

林爱华：卖货的时候，常遇到老外，往往因为语言不通没法儿交流，真着急。

李书文：看来你是得学点儿外语了。

林爱华：说的是啊。前几天我报了一个由社区组织的外语班。刚学，发音不太好，想请人帮我纠正纠正。

李小兰：没问题。

 常用句

1. 我是来应聘的。
2. 多谢夸奖。
3. 我想应聘贵公司的日语翻译。
4. 我相信自己有能力做好这份工作。
5. 你也太谦虚了。

1. 就业	jiù yè			obtain employment
2. 应聘	yìngpìn	（动）		accept an offer of employment
3. 简历	jiǎnlì	（名）		biographical
4. 夸奖	kuājiǎng	（动）		praise
5. 份	fèn	（量）		for copies of newspapers, documents, etc.
6. 曾经	céngjīng	（副）		once; ever
7. 实习	shíxí	（动）		practice
8. 收获	shōuhuò	（名、动）		results; gains; gather
9. 进一步	jìnyíbù	（副）		go a step further
10. 积累	jīlěi	（动）		gather
11. 经验	jīngyàn	（名）		experience
12. 经历	jīnglì	（名、动）		experience; go through
13. 总算	zǒngsuàn	（副）		at long last
14. 下岗	xià gǎng			lay off
15. 职工	zhígōng	（名）		staff and workers
16. 职业	zhíyè	（名）		occupation
17. 有限	yǒuxiàn	（形）		limited
18. 经过	jīngguò	（动、名）		through; pass; process

19.	个体	gètǐ	（名）	individuality; self-employed worker
20.	厂	chǎng	（名）	factory
21.	算是	suànshì	（动）	considered to be
22.	学问	xuéwen	（名）	knowledge
23.	谦虚	qiānxū	（形、动）	make modest remarks; modest
24.	阿姨	āyí	（名）	aunt
25.	往往	wǎngwǎng	（副）	often
26.	通	tōng	（动）	understand
27.	由	yóu	（介）	(done) by sb.
28.	社区	shèqū	（名）	community
29.	纠正	jiūzhèng	（动）	correct
30.	平静	píngjìng	（形）	calm
31.	日子	rìzi	（名）	time; life
32.	改变	gǎibiàn	（动）	change
33.	布置	bùzhì	（动）	decorate; make arrangement
34.	激动	jīdòng	（形、动）	stirred
35.	支持	zhīchí	（动）	support
36.	犹豫	yóuyù	（形）	hesitate
37.	一切	yíqiè	（代、形）	everything; all
38.	依靠	yīkào	（名、动）	something to fall back on; rely on

39.	鼓励	gǔlì	（名、动）	encouragement; encourage
40.	企业	qǐyè	（名）	enterprise
41.	破产	pò chǎn		go bankrupt
42.	工资	gōngzī	（名）	wages
43.	仿佛	fǎngfú	（副）	as if
44.	无	wú	（动）	not have; not
45.	动心	dòng xīn		one's mind is disturbed
46.	亲戚	qīnqi	（名）	relative
47.	教材	jiàocái	（名）	teaching material
48.	劝	quàn	（动）	persuade
49.	仪式	yíshì	（名）	ceremony
50.	开业	kāi yè		start business
51.	红包	hóngbāo	（名）	red paper envelope containing money as a gift, tip, or bonus
52.	当时	dāngshí	（名）	at that time
53.	顾客	gùkè	（名）	customer
54.	招聘	zhāopìn	（动）	engage through public notice

第 6 课 就业

四 语言点

(一) 基本句

1. ……曾经 + 动 / 形 + 过 / 了……

表示从前有过某种行为或情况。否定形式为："……没(有) + 动 / 形 + 过……"。例如：

This structure is used to indicate a past action or an event. The negative form is "……没（有）+V./Adj.+ 过……". For example:

(1) 前几天曾经热过一阵，现在凉快了。

(2) 我曾经为孩子找了好几个辅导老师。

(3) 他曾经去过两次上海。（否定：他没去过上海。）

2. 趋向补语"起来"的引申用法（1）

表示动作或情况开始并继续。例如：

"起来" denotes the starting and continuing of an action or an event. For example:

(1) 同学们三人一组说了起来。

(2) 他连手也没洗，就坐在桌前大吃起来。

表示说话人从某一方面对事物进行评价或估计。例如：

"起来" denotes the evaluation or an opinion of the speaker about the thing from certain aspect. For example:

(3) 看起来，老板对我们的工作并不满意。

(4) 他的文章读起来很有意思。

3. 从……起

意思为"从……开始"。例如：

This structure means since. For example:

（1）从明天起我每天早晨打半小时太极拳。

（2）从左边第一位同学起，每人讲一个故事。

（3）关心老人，从小事做起。

（二）词语用法

1. 经过

作动词，表示手段。例如：

A verb. Its meaning is "through" or "by". For example:

（1）经过老师纠正，我的发音有了很大进步。

（2）屋子经过打扫，干净多了。

表示从某处通过。例如：

A verb. Its meaning is "pass through", or "pass by". For example:

（3）火车经过六个城市，最后到达北京。

（4）再过五分钟还有一趟船从这儿经过。

作名词。表示过程、经历。例如：

A noun. Its meaning is "the course of" or "the process of". For example:

（1）请你再介绍一下事情的经过。

（2）他把见面的经过告诉了大家。

2. 往往

副词。表示某种情况经常出现或发生，有一定的规律性。例如：

An adverb. It often used to indicate an event which happens regularly. For example:

（1）考试前，学生们往往复习到很晚。

（2）休息的时候，他往往去公园散步。

（3）不愿意帮助别人的人，往往没有真正的朋友。

▲比较"往往"和"常常"

"往往"和"常常"都表示某种情况经常存在或出现。例如：

Both, sometimes, "往往" and "常常" are used to indicate the existence and appearance. For example:

(1) 考试前，学生们往往（常常）要复习到很晚。

二者的区别是："往往"是对一定条件下经常出现的已然情况的规律性总结，没有否定式。"常常"重在情况的重复出现，不受出现条件、已然性和肯定与否的限制。例如：

The differences between "往往" and "常常" are as follows: "往往" is used to indicate a summary of a typical pattern of the appearance of a known state of affair often defined by a certain condition and it can not be used in a negative form; while "常常" is used to emphasize the repetition of the appearance, but is not limited to the conditions and the givenness of the appearance, and it can be used in an affirmative and negative forms. For example:

(2) 我一定常常给你写信。(×往往)

(3) 我们常常一起吃晚饭。(×往往)

(4) 有空儿的时候,我们往往(常常)一起吃晚饭。

(5) 玛丽不是常常去书店。(×往往)

3. 由

介词。引进施动者，跟名词组合。例如：

A preposition. It is used to introduce an action done by somebody, and often followed by a noun phrase. For example:

(1) 宿舍由张老师负责。

(2) 这方面的情况由李秘书介绍。

(3) 孩子由谁照顾？

五 操练与交际

(一) 辨音

jiùyè（就业）　　　　　yuèyè（月夜）
zhòuyè（昼夜）　　　　　quèqiè（确切）

dòuhào（逗号）　　　　　jiāyè（家业）
shǒutào（手套）　　　　　jiājié（佳节）

jiějué（解决）　　　　　jiāoliú（交流）
xiǎoxué（小学）　　　　　yāoqiú（要求）

huǒhuā（火花）　　　　　xiàoyǒu（校友）
shuō huà（说话）　　　　liàojiǔ（料酒）

guàizuì（怪罪）　　　　　bāngshǒu（帮手）
wàihuì（外汇）　　　　　bānzhǎng（班长）

zhànshù（战术）　　　　　xuéyè（学业）
zhàngbù（账簿）　　　　　juésè（角色）

(二) 朗读下列短语

谢谢夸奖	积累经验	条件有限	事情经过	纠正发音
夸奖孩子	积累资料	时间有限	恋爱经过	纠正错误
得到夸奖	积累资金	水平有限	谈谈经过	纠正不了

平静的日子	改变态度	布置房间	心情激动	支持工作
平静的生活	改变环境	布置教室	非常激动	支持改革
平静的水面	改变习惯	布置作业	不要激动	谢谢支持

(三) 朗读下列句子

1. 有工作经历的人我们最欢迎。
2. 懂外语的人我们最欢迎。
3. 小林，才回来呀。
4. 小马，才起床啊。
5. 你也太谦虚了。
6. 你也太客气了。

(四) 从本课生词表中选择恰当的词语填空

1. 干了一个晚上，_____按时完成了任务。
2. 我儿子现在正在服装厂_____，明年才能毕业。
3. 如果大家对这个问题感兴趣，我将做_____的介绍。
4. 别急，经验需要一点一点_____。
5. 昨天来我们公司_____的有二百多人。
6. 秋天是_____的季节。
7. 他戴着眼镜，看起来很有_____。
8. 他们结婚以后，互敬互爱，_____过得很幸福。
9. 你没听说过吗？_____使人进步。
10. 那位老人_____儿_____女，生活没有_____。
11. 在我最困难的时候，是我的丈夫一直_____我，_____我。
12. 大家都_____他不要着急，钥匙一定会找到的。
13. 二十年中这个家庭_____过两次大的变化。
14. 这家大商场是昨天才_____的。
15. 我太_____了，一句话也说不出来。

16. 这些年轻人中，小石_____最有能力的一个。

17. 老李每个月都把_____交给妻子。

18. 你出去的时候，请你顺便给我买一_____今天的报纸。

19. 收到这份特殊的礼物后，她的心情久久不能_____。

(五) 选择填空

　　　　往往　　常常

1. 父母希望子女_____回家看看。
2. 做事犹犹豫豫的人，_____干不成大事。
3. 我一个人过日子的时候，晚饭_____就是一包方便面（fāngbiàn miàn, instant noodles）。
4. 放心吧，我一定会_____给你写信的。
5. 期末考试，_____要考一个半小时。
6. 以后你要_____提醒我，我总是爱忘。

　　　　经过　　通过

1. 你不要把事情的_____告诉别人。
2. _____十年的积累，他有了丰富的经验。
3. 前面的路还没修好，车队不能_____。
4. 每天上班都会_____那家花店，可我从没进去过。
5. _____了解，我们对他有了新的认识。
6. 要是能_____HSK 6级，找工作就容易多了。

　　　　布置　　安排

1. 他们的婚事是父母_____的，结婚前互相不太了解。

2. 有了新房子，当然要好好儿_____一下儿。

3. 到了宾馆以后，老师马上给大家_____房间。

4. 学校_____他负责这个学期的学生活动。

5. 今天晚上有新年晚会，班长带着大家_____教室去了。

6. 下课前，老师_____今天的作业。

（六）**用下列生词组成短语**

经验　　支持　　布置　　纠正　　一切
依靠　　改变　　鼓励　　激动　　犹豫

（七）**根据提示用"曾经"回答问题**

例：你去过北京吗？
　　肯定：我曾经去过两次北京。（两次）
　　否定：我没去过北京。

1. 开会的事儿你告诉他了吗？
　　肯定：_____（三次）
　　否定：_____

2. 经理来过电话吗？
　　肯定：_____（两次）
　　否定：_____

3. 他学过英语吗？
　　肯定：_____（一年）
　　否定：_____

4. 这半年你工作忙吗?

   肯定：_____ (一年)

   否定：_____

5. 这儿曾经住过一个美国留学生吗?

   肯定：_____

   否定：_____

（八）替换

1

你儿子的作品	写
你画的山水画儿	画
旅行计划	安排
新房	布置

你发过来的<u>简历</u>我们已经看过了，<u>写</u>得不错嘛。

2

现在那么多<u>下岗职工</u>，<u>再就业</u>多难啊。

人干个体	想挣钱
大学毕业生	找工作
人学外语	要当翻译
学生要租房	想找到合适的房子

第 6 课　就　业

3

两个人合租
骑自行车去
大家一起准备
钥匙交给张大妈

自己当老板，不是更好吗？

4

兰兰，从下个月起我想跟你学学英语，不知你有没有时间？

孙明	跟你互相学习
王老师	每天跟你练习口语
张大妈	跟你学唱京剧
朋子	让你教我画画儿

（九）模仿

1. 先生，您好，我叫丁大朋，是外国语大学日语专业的毕业生，我是来应聘的。

   先生，您好，我叫_____，是_____，我是来应聘的。

2. A：听说你的生意不错。

   B：还行吧，忙了半年多，总算好起来了。

   A：听说_____。

   B：还行吧，_____了半年多，总算_____。

3. A：不行，做生意是门学问，我现在是边学边干。

　　B：你也太谦虚了。

　　A：不行，_____是门学问，我现在是_____。

　　B：你也太谦虚了。

（十）根据课文内容，用所给的词语回答问题

1. 丁大朋想应聘什么职位？（对……感兴趣）
2. 在日本实习一年，丁大朋有什么收获？（不仅……而且……、特别是）
3. 林爱华为什么最后决心干个体？（曾经、有限、难、经过）
4. 林爱华为什么要学英语？（遇到、往往、着急）

（十一）功能会话

1. 打招呼

　（1）A：小李，才回来啊。

　　　B：是啊，今天有点儿事儿。

　（2）A：出去啊？

　　　B：吃完饭散散步。

2. 谦虚

　（1）A：听说你的汉语说得很好。

　　　B：哪里哪里，马马虎虎吧。

　　　A：你也太谦虚了。

　（2）A：你的字写得真漂亮！

　　　B：谢谢夸奖，还差得远呢。

3. 着急

(1) A：这么晚了，孩子还没回来，真叫人着急！
    B：他也不是小孩子了，你就放心吧。

(2) A：等了半天，他还不来，真急死人了。
    B：再给他打个电话吧。

（十二）阅读

阳光总在风雨后

　　我曾经是一家国有企业的职工，有一份让人羡慕和满足的工作。这种平静的日子过了10年。九八年我们厂破产后，一切都改变了。我下了岗，每月只有120元的下岗工资。那年，我32岁，儿子刚满1岁。我仿佛突然变成了一个没有家的孩子，无依无靠。

　　后来父亲建议我去学美发，我有些犹豫，觉得自己年龄大了。父亲却说："只要有决心，就一定能学成，学习不分年龄。"父亲的鼓励让我动了心。从美发班毕业后，我试着为亲戚朋友免费理发、做头。没事儿时，就拿出教材反复看。经过一年的锻炼，我进步不小。

　　劝我开店的人越来越多，我终于下定了决心。在一条不算热闹的小街上，朋友帮我租了一间10平方米的小屋，全家人一起布置了一下，没有鲜花，没有仪式，小小的美发店开业了。妈妈送给我一个装有66元8角钱的红包，当时我的眼泪都快流下来了。

　　开业第一天，我挣了26元，虽然不多，但证明自己还行。印象最深的一次，是我挣了200多元钱，心情非常激动，我从来没有一天挣过那么多钱，回到家马上告诉父母，看着我兴奋的样子，一家人都替我高兴。

　　现在，小店的生意越来越好，也有人说我越来越年轻了。是呀，看到顾客高高兴兴地走出小店，我一天的心情都是愉快的，这样的感觉怎么能不让人年轻呢！我要感谢我的家人、朋友和顾客们，没有他们的鼓励和支持，就没有今天的小店和现在的我。

1. 读后判断对错

（1）这篇文章向我们介绍了作者是如何开美发店挣钱的。　　（　　）
（2）"我"曾经有一份让人满足的工作。　　（　　）
（3）"我"没有家了。　　（　　）
（4）"我"觉得三十几岁才开始学习美发很难。　　（　　）
（5）从学习班毕业后父亲鼓励"我"开了一家美发店。　　（　　）
（6）"我"经常为亲朋免费理发、做头。　　（　　）
（7）"我"的小店开业时举行了很大的仪式。　　（　　）
（8）开业第一天，"我"挣了200多块钱，心情非常激动。　　（　　）
（9）小小的美发店让"我"找到了自信。　　（　　）

2. 根据短文内容回答问题

（1）文章的题目有什么含义（hányì，implication）？
（2）文章第二段，"学习不分年龄"是什么意思？
（3）接到妈妈给"我"的红包，"我"为什么差点儿流下眼泪？
（4）是什么让"我"感觉越来越年轻？

3. 连线后朗读

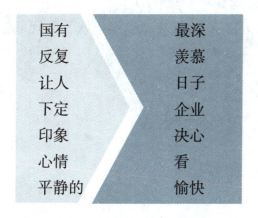

国有　　　最深
反复　　　羡慕
让人　　　日子
下定　　　企业
印象　　　决心
心情　　　看
平静的　　愉快

(十三) 交际

1. 自由表达

根据自己的了解，介绍一下自己国家或地区的就业情况。

（这些词语可以帮助你：毕业生、经验、条件、欢迎、满意、经过……）

2. 完成任务

阅读下面的招聘启事（qǐshì, notice），根据这份启事，模仿课文（一）的内容，二人分别扮演应聘者和朱老师，进行面谈。

招聘

阳光外语学校是一所培养外语人才的专门学校，根据学校发展需要，我们向社会招聘以下人员（有工作经验者优先）：

- 英 语 教 师 3名 要求本科以上学历，英语专业
- 英 语 外 教 2名 要求发音好，热爱教育工作
- 日 语 外 教 1名 要求发音好，性格开朗
- 韩国语外教 1名 要求发音好，性格开朗

如果您愿意加入我们的学校，请来信来电和我们联系（工资面谈）。

学校地址：人民街68号
电子邮箱：yangguang@yahoo.com.cn
联系电话：82011185
联系 人：朱老师

选什么专业好

第7课 Lesson 7

(周末，李小兰去舅舅家)

表　弟：兰姐，你来得正好，我正跟我爸商量呢。

李小兰：商量什么？

表　弟：下学期我就读大二了，我想转系。

李小兰：学教育不是挺好的吗？

舅　舅：他想转到经济系。

表　弟：考大学的时候，我年纪小，对学什么专业没有长远考虑，上大学以后才有了新的认识。

李小兰：什么认识？

表　弟：一个人的前途与选择什么专业有很大关系。特别是现在找工作不容易，要想在激烈的竞争中占优势，就得选个好专业。没听说过吗："考个好大学，不如选个好专业。"

李小兰：校园里确实流行这句话。我们这届的学生也有转系的。

舅　舅：我主要担心转系以后学习上不适应。经济没学好，教育也扔了,那怎么办?

李小兰:我们同学也讨论过这个问题。其实,最主要的还是看学习态度。

表 弟:爸,您放心吧,我一直对经济很感兴趣,我会努力的。

李小兰:现在大学教育改革,咱们可以再次选择专业,要是以前,哪有机会呀?

舅 舅:说的也有道理。

李小兰:不过,听说转系有严格的限制,而且有的学校还要收费。

表 弟:我完全符合条件,钱嘛,可以打工挣……

舅 舅:钱不是问题,对孩子发展有利的事儿,父母哪怕再困难也会支持的。

李小兰:舅舅,您这么说,表弟就放心了。

表 弟:可妈妈一直不赞成,我们刚才还吵了一顿呢。

舅 舅:不过,这件事确实应该慎重。就业市场总在变,热门专业不会永远都那么热。我们全家还得好好儿商量商量。

二 常用句

1. 你来得正好,我正跟我爸商量呢。
2. 您放心吧,我会努力的。
3. 说的也有道理。
4. 这件事确实应该慎重。

三 生词

1. 舅舅	jiùjiu	（名）	mother's brother	
2. 表弟	biǎodì	（名）	younger male cousin of a different surname	
3. 长远	chángyuǎn	（形）	long-term; long time	
4. 与	yǔ	（介、连）	and; with	
5. 选择	xuǎnzé	（动、名）	choose; choice	
6. 激烈	jīliè	（形）	intense	
7. 优势	yōushì	（名）	superiority	
8. 届	jiè	（量）	used for graduating classes (year)	
9. 扔	rēng	（动）	throw; throw away	
10. 讨论	tǎolùn	（动）	discuss; discussion	
11. 道理	dàoli	（名）	truth; principle	
12. 严格	yángé	（形）	strict	
13. 限制	xiànzhì	（名、动）	restriction; restrict	
14. 有利	yǒulì	（形）	vantageous	
15. 哪怕	nǎpà	（连）	even if (though)	
16. 赞成	zànchéng	（动）	approve of	
17. 吵	chǎo	（动）	quarrel	
18. 慎重	shènzhòng	（形）	prudent	

第 7 课 选什么专业好

19. 热门	rèmén	（形、名）	in great demand
20. 接近	jiējìn	（动）	be close to
21. 其余	qíyú	（代）	other (persons or things)
22. 开支	kāizhī	（名）	pay
23. 整个	zhěnggè	（形）	whole
24. 显得	xiǎnde	（动）	appear (to be)
25. 乐观	lèguān	（形）	optimistic
26. 成功	chénggōng	（动、形）	succeed; successful; success
27. 指导	zhǐdǎo	（动）	direct; guide
28. 缺乏	quēfá	（动）	be short of
29. 放弃	fàngqì	（动）	give up
30. 电器	diànqì	（名）	electric home appliance
31. 本科	běnkē	（名）	regular undergraduate course
32. 其他	qítā	（代）	other than
33. 着手	zhuóshǒu	（动）	set about
34. 求	qiú	（动）	ask; beg; request
35. 求职	qiú zhí		look for a job
36. 精心	jīngxīn	（形）	meticulously
37. 课程	kèchéng	（名）	course
38. 面试	miànshì	（动）	interview
39. 复印	fùyìn	（动）	duplicate
40. 付出	fùchū	（动）	pay

41. 回报	huíbào	（动）	repay
42. 断	duàn	（动）	break
43. 计算机	jìsuànjī	（名）	computer
44. 机械	jīxiè	（名）	machine
45. 制造	zhìzào	（动）	manufacture
46. 会计	kuàijì	（名）	accountant
47. 类	lèi	（名）	kind
48. 应用	yìngyòng	（动）	apply
49. 实用	shíyòng	（形）	practical

专 名 Proper nouns

| 福建 | Fújiàn | Fujian (province) |

四 语言点

（一）基本句

哪怕……也/都/还……

表示假设（有时是实际的情况）和让步，但结果不受这种情况影响。"哪怕"意思跟"即使"相同，但用于口语，多指不利的情况。例如：

"哪怕……也/都/还……" indicates concession of real or unreal event. "哪怕" means something like "即使", used in oral Chinese, and describes the disadvantages. For example:

（1）哪怕天气不好，比赛也要进行。

（2）哪怕不睡觉，他都要把工作干完。

（3）都是朋友嘛，哪怕再困难，我还得帮他。

（4）哪怕他学过一点儿汉语，也当不了翻译。

（二）词语用法

1. 与

介词。跟。用于书面。例如：

A preposition. It means "跟" and is used in written Chinese. For example:

（1）这事与你无关。

（2）小说的名字叫《与狼共舞》。

（3）今年的情况与去年相同。

2. "上"、"中"、"下"的引申意义

方位词"上"、"中"、"下"除表示方位、处所、时间外，还可以引申用来表示方面、范围、条件、情况、过程等。例如：

The words of direction "上"、"中"、"下" can be used not only to denote the direction, location, and time, but also to denote the extended usage of aspect, range, condition, circumstance, process and so on. For example:

（1）你应该在学习上多帮助他。

（2）谈话中，他多次表示出对京剧的喜爱。

（3）在老师的帮助下，同学们的汉语水平有了很大提高。

3. 届

名量词。常用于定期的会议或毕业的班级等。例如：

届, measure word, is usually used before regular meetings or graduate classes. For example:

第六届全国人民代表大会　　九八届毕业生

4. 顿

作动量词，用于批评、打骂、劝说。例如：

顿, measure word, is usually collocated with words with the meaning of criticism, maltreatment or persuasion. For example:

打了一顿　　批评了一顿　　骂（mà, scold）了一顿

五　操练与交际

（一）辨音

guānghuán（光环）　　fǎnkàng（反抗）
kuánghuān（狂欢）　　fāng'àn（方案）

xiànxiàng（现象）　　běnnéng（本能）
xiǎngxiàng（想象）　　bēnténg（奔腾）

guānguāng（观光）　　guóhuà（国画）
kuānguǎng（宽广）　　huǒhuā（火花）

chénjiù（陈旧）　　liángmiàn（凉面）
chéngjiù（成就）　　liǎngbiān（两边）

chūshēng（出生）　　língxià（零下）
chūshēn（出身）　　línshí（临时）

hóngxīn（红心）　　rénmín（人民）
hóngxīng（红星）　　rénmíng（人名）

（二）朗读下列短语

长远打算　　有道理　　严格要求　　限制时间　　慎重考虑
长远计划　　讲道理　　严格限制　　限制人数　　慎重决定
想得长远　　大道理　　严格规定　　受到限制　　态度慎重

热门专业	接近毕业	其余时间	整个城市	显得乐观
热门话题	接近开学	其余开支	整个下午	显得高兴
热门货	接近中午	其余同学	整个西瓜	显得年轻

（三）朗读下列句子

1. 校园里确实流行这句话。
2. 汉语里确实有这样的说法。
3. 经济没学好，教育也扔了，那怎么办？
4. 工作没找到，钱也没有了，那怎么办？
5. 舅舅，您这么说，表弟就放心了。
6. 老李，你这么干，就快多了。

（四）从本课生词表中选择恰当的词语填空

1. 由于两个队水平都很高，这场比赛显得格外_____。
2. _____以前不同的是，这次他只讲了半个小时。
3. 在动物园里不能随便向动物_____食品。
4. 从水平上看，这场比赛一队更占_____。
5. 这不是什么大_____，连小孩子也懂。
6. 为了不让丈夫在外面喝酒，她严格_____丈夫的开支。
7. 这件事关系到你的未来，你一定要考虑清楚，_____决定。
8. 一看这些鲜花就知道这是女主人的_____准备。
9. 因为偷拿家里的钱，他被爸爸打了一_____。
10. 为了改革的成功，他_____了太多的努力。
11. 我想买一本简单、_____的语法书。
12. 不要打_____他的话，让他说下去。

13. 你穿红色的衣服_____很年轻。

14. 即使遇到困难，也要保持_____的态度。

15. 事情没有你说得那么可怕，你不要_____紧张气氛。

16. 这种事对大家_____，对自己也_____，为什么不做？

17. 她每个的月工资，除了吃饭，_____的都寄给了父母。

18. 这是新学期的_____表，同学们过来看看吧。

19. 他的水平不错，就是_____比赛经验。

（五）选择填空

上　中　下

1. 刚结婚时，我们挣钱不多，父母在经济_____给了我们很大的帮助。

2. 在亲友的鼓励_____，他开始了新的生活。

3. 她现在最需要的是精神_____的安慰。

4. 她在病_____一直坚持工作，很少休息。

5. 我们在讨论_____发现了一些新的问题。

6. 在这种情况_____，我们能做什么？

（六）用下列生词组成短语

| 讨论 | 选择 | 严格 | 整个 | 指导 |
| 缺乏 | 成功 | 赞成 | 放弃 | 显得 |

（七）　替换

1

孙明	想找你
张老师	打算去你的房间
班长	要给你打电话
孙大爷	说你学京剧的事儿

<u>兰姐</u>，你来得正好，我正<u>跟我爸爸商量</u>呢。

2

您放心吧，我<u>一直</u>对<u>经济</u>很<u>感兴趣</u>，我会<u>努力</u>的。

很独立	照顾好自己
很细心	做好班长工作
在做准备	成功
干电器修理	很快给您修好

（八）　根据例子，用"哪怕"改写句子

例：我一定要看那场球赛。
　　→哪怕晚上不睡觉，我也一定要看那场球赛。

1. 他一定要坚持自己的意见。
　　→_____

2. 我一定要买到那本书。
　　→_____

3. 我一定要跟他结婚。

　　→ _____

4. 他每天坚持跑步，从没停过。

　　→ _____

（九）**根据课文内容，用所给的词语回答问题**

1. 李小兰到舅舅家的时候，舅舅正在做什么？（正……呢）
2. 下学期表弟有什么打算？（转）
3. 舅舅对转系有什么担心？（适应、扔）
4. 舅舅为什么说"钱不是问题"？（哪怕……也……）
5. 转系的事决定了吗？（慎重、变、热、好好儿）

（十）**功能会话**

1. 犹豫

　（1）A：你们到底买不买这个房子？

　　　B：我们再考虑考虑。

　（2）A：你是马上去工作呢还是继续读书？

　　　B：我想来想去，不知道怎么办好。

2. 保证

　（1）A：你放心吧，这些活儿（huór, work）我周末肯定能干完。

　　　B：我相信你。

　（2）A：我说到做到，哪怕不睡觉，也要帮你把车找回来。

　　　B：太感谢你了。

(十一) 阅读

小韩的故事

韩梅（Hán Méi）是福建一所大学历史专业的本科生，再过几个月她就该毕业了。与其他同学一样，她早就着手找工作了。从她那漂亮的求职书上，可以看出她的精心准备。"没办法，今年工作不好找！"接近毕业，课程也少了，一天除了上两三节课，其余时间都花在找工作上。逛各种各样的招聘会，到公司面试，参加就业指导会……这些是小韩每天最重要的"课程"。"找工作的开支也挺大，求职简历的复印费、交通费、招聘会的门票都是不小的开支。家里虽然很支持，但付出总不见回报，自己也挺难过的。"说到这儿，她的眼睛红了。

一到周末，小韩更是跑遍整个城市。"要是能找到一份好工作，哪怕跑断腿，也值得。"小韩说，"参加了好几场招聘会，但需要的都是计算机、机械制造、会计、电子电器类的毕业生，我这专业应用的地方比较少，人才不缺乏。遇到适合自己的工作，招聘台前总是里三层外三层，而且还要求有工作经验，真让人不敢靠前"。

"在学校学的东西太不实用了，几个月前我到一家公司实习，发现学过的知识能用的不多，最近到几家公司去面试，也都没成功。"前几天，有一家广告公司对小韩比较满意，给出的工资是每月700元，而且要立即上班。考虑到工资太低而且自己还要上课，小韩决定放弃这个机会。"离毕业还有一段时间，我相信自己一定会找到合适的工作的。"小韩显得很乐观。

1. 读后判断对错

(1) 关于小韩我们知道什么？

    A. 她现在非常轻松　　　　B. 她已经毕业，正在找工作

    C. 她的专业很受欢迎　　　D. 她很早就开始找工作了

(2) 下面哪项活动小韩没有参加？

    A. 参加招聘会　　　　　　B. 听报告会

    C. 到公司面试　　　　　　D. 参加就业指导会

(3) 说到找工作的开支，小韩为什么"眼睛红了"？

    A. 没有得到家长的支持　　B. 开支太大，家里没有钱

    C. 付出以后没有回报　　　D. 这种开支没有必要

(4) 文章第二段中"里三层外三层"是什么意思？

    A. 人很多　　　　　　　　B. 房间很大

    C. 门很多不容易进去　　　D. 里边和外边各有三排座位

(5) 小韩认为学校的课程怎么样？

　　A. 太少了　　　　　　　　B. 不够用

　　C. 不重要　　　　　　　　D. 不实用

(6) 从文中我们可以看出，小韩对就业＿＿＿＿＿＿＿。

　　A. 非常担心　　　　　　　B. 充满信心（xìnxīn, confidence）

　　C. 不太满意　　　　　　　D. 非常着急

2. 连线后朗读

显得	靠前
精心	毕业
不敢	机会
放弃	经验
接近	准备
工作	乐观

(十二) 交际

1. 自由表达

如果你今年要考大学，说说你最想选择的专业和选择的理由。

（这些词语可以帮助你：热门、竞争、激烈、占优势、对……有利、流行、收费、慎重……）

2. 完成任务

(1) 采访一位大学生，完成后面的调查表。

姓名：	学校：
专业：	年级：

对目前学习的专业是否满意？（说明原因）

当时为什么选择这个专业？

如果再次选择会选什么专业？

在选择专业时父母的意见是否重要？

(2) 根据调查表口头介绍自己的采访情况，并谈谈感想。

第 7 课　选什么专业好

第8课 "三大件"升级

爱米：山本，你不是中国通吗？有个问题想问问你。

山本：谁说我是中国通？我哪有那么高的水平呀？

爱米：你就别谦虚了。你知道中国的"三大件"吗？

山本："三大件"？你怎么知道这个词的？

爱米：我是昨天在电视上看到的，据说，"三大件"曾经是中国老百姓生活的最大梦想。

山本：可以这么说。上世纪五六十年代的"三大件"是手表、自行车和缝纫机。

爱米：自行车也是梦想？

山本：那时候中国经济水平比较低，能有一辆自行车就很满足了。

爱米：你知道的可真不少。

山本：我看过一篇介绍文章。七十年代末八十年代初的"三大件"是彩色电视机、电冰箱和洗衣机；到了九十年代变成了电话、电脑和空调。

爱米：中国人的生活水平确实是一步一步提高了。那现在呢？

山本：说实在的，现在究竟什么是"三大件"，已经没有固定的说法了，不过也有人总结说房子、车子和孩子是现代的"三大件"。

爱米："孩子"怎么成了"三大件"之一？

山本：你别误会，这里的"孩子"指的是子女教育。因为孩子是全家的希望，现在生活好了，教育的投入当然也就大了。

爱米："三大件"的变化这么大，真是"不听不知道，听了吓一跳"啊。

山本：所以当中国人说起"三大件"时，总是不禁要感慨一番。

爱米：怪不得电视上说，"三大件"是反映中国经济状况的一面镜子呢。

二 常用句

1. 有个问题想问问你。
2. 我哪有那么高的水平呀？
3. 可以这么说。
4. 你知道的可真不少。
5. 你别误会。

三 生词

1.	升	shēng	（动）	(grades) promote; rise
2.	……通	…tōng	（名）	authority
3.	据说	jùshuō	（动）	it is said
4.	老百姓	lǎobǎixìng	（名）	common folk
5.	梦想	mèngxiǎng	（名、动）	dream
6.	年代	niándài	（名）	age
7.	手表	shǒubiǎo	（名）	wristwatch
8.	自行车	zìxíngchē	（名）	bicycle

9. 缝纫机	féngrènjī	（名）	sewing machine	
10. 彩色	cǎisè	（名）	multicolour	
11. 电冰箱	diànbīngxiāng	（名）	refrigerator	
12. 洗衣机	xǐyījī	（名）	washing machine	
13. 空调	kōngtiáo	（名）	aircondition	
14. 步	bù	（名）	a step	
15. 究竟	jiūjìng	（副）	actually; after all	
16. 固定	gùdìng	（形、动）	regular; fix	
17. 总结	zǒngjié	（动、名）	sum up; summary	
18. 现代	xiàndài	（名）	modern times	
19. ……之一	……zhīyī		one of (sth.)	
20. 误会	wùhuì	（动、名）	misunderstand; misunderstanding	
21. 子女	zǐnǚ	（名）	children	
22. 投入	tóurù	（动、名）	put into; investment	
23. 当……时	dāng……shí		when	
24. 不禁	bùjīn	（副）	cannot help (doing sth.)	
25. 感慨	gǎnkǎi	（动）	sigh with emotion; emotional excitement	
26. 番	fān	（量）	for actions, needs, etc.	
27. 状况	zhuàngkuàng	（名）	condition	
28. 面	miàn	（量）	for flat things	
29. 镜子	jìngzi	（名）	mirror	
30. 单调	dāndiào	（形）	monotonous	

第 8 课 『三大件』升级

31. 操作	cāozuò	(动)	operate
32. 手工	shǒugōng	(名)	by hand
33. 放映	fàngyìng	(动)	show
34. 幻灯	huàndēng	(名)	slide show
35. 铃	líng	(名)	bell
36. 先进	xiānjìn	(形)	advance
37. 记忆	jìyì	(名、动)	memory; remember
38. 准时	zhǔnshí	(形)	punctual
39. 使劲儿	shǐ jìnr		exert all one's strength
40. 所有	suǒyǒu	(形)	all
41. 村(子)	cūn (zi)	(名)	village
42. 钟	zhōng	(名)	clock
43. 传	chuán	(动)	promulgate
44. 初中	chūzhōng	(名)	junior high school
45. 镇	zhèn	(名)	town
46. 响	xiǎng	(动)	ring
47. 县城	xiànchéng	(名)	country town
48. 惊讶	jīngyà	(形)	surprised
49. 黑板	hēibǎn	(名)	blackboard
50. 板书	bǎnshū	(名)	words written on the blackboard
51. 电梯	diàntī	(名)	elevator
52. 乡村	xiāngcūn	(名)	village

（一）基本句

1. 反问句（1）

反问句形式上是问句，但并不需要回答，主要作用是加强语气。在反问句中，肯定形式表达否定意义，否定形式表达肯定意义。反问句的特指问形式是在句中使用疑问代词"哪儿、哪里、怎么、谁、什么、有什么、为什么……"进行反问。例如：

A rhetorical question is an interrogative sentence in form, and it is used mainly as an intensifier, not necessary for you to answer it. In a rhetorical question, an affirmative form indicates negative meaning, and a negative form indicates affirmative meaning. The use of an interrogative pronoun is one of the features of a rhetorical question. The interrogative pronouns used in a rhetorical question are as follows: "哪儿，哪里，怎么，谁，什么，有什么，为什么……". For example:

（1）他的事，我怎么知道？→他的事我不知道。

（2）这种话，谁相信？→这种话没人相信。

（3）这么简单的道理，有什么不明白的？→这么简单的道理，应该明白。

2. 当……时，……

表示事情发生的时间。也可以说"当……的时候"，但不能说"当……的时"。例如：

"当……时，……" indicates the time of happenings. We can also say "当……的时候" but we can not say "当……的时". For example:

（1）当我遇到困难时，老师总是热情地帮助我。

（2）当我第一次见到韩冬时，他还是个年轻的小伙子。

（3）当她还是个孩子的时候，就喜欢这首歌。

(二) 词语用法

1. 究竟

   副词。用于问句，表示进一步追究，有加强语气的作用。多用于书面，口语常用"到底"。例如：

   "究竟", an intensive adverb, used in questions to indicate further investigation is often used in written Chinese, and in oral Chinese "到底" is used instead. For example:

   (1) 究竟怎样才好呢？
   (2) 究竟你对还是他对？

2. 番

   动量词。相当于"回"、"次"、"遍"，常含有量大的意思。例如：

   "番", a word of quantity of motion, same as "回", "次", "遍", indicates a great quantity. For example:

   　　解释一番　　夸奖一番　　　三番五次

五　操练与交际

(一)　辨音

　　jīnyín（金银）　　　　　fāngyán（方言）

　　jūnrén（军人）　　　　　fāngyuán（方圆）

　　rénshēn（人参）　　　　 zhēn yuǎn（真远）

　　rénshēng（人生）　　　　zhēng yǎn（睁眼）

　　jīngzhì（精致）　　　　　jīntiān（今天）

　　jìnzhǐ（禁止）　　　　　 jīngtiān（惊天）

huāpén（花盆）　　　　jiǎnchēng（简称）
qīnpéng（亲朋）　　　　quán chéng（全城）

yànjuàn（厌倦）　　　　yǎnyuán（演员）
yuǎnjiàn（远见）　　　　jiǎn yuán（减员）

cānjīn（餐巾）　　　　　jūnyún（均匀）
cān jūn（参军）　　　　　xīnyīn（心音）

（二）朗读下列短语

中国通	固定时间	发生误会	发出感慨
英语通	固定电话	不要误会	感慨很多
电脑通	固定工作	让人误会	感慨一番

经济状况	单调的声音	人工操作	放映幻灯
身体状况	单调的生活	手工操作	放映电影
健康状况	单调的内容	自动操作	开始放映

（三）朗读下列句子

1. 自行车也是梦想？
2. 读课文也算表演节目？
3. 那时候中国经济水平比较低，能有一辆自行车就很满足了。
4. 那时候我汉语水平比较低，打车时能说清楚去哪儿就很不容易了。
5. 中国人的生活水平确实是一步一步提高了。
6. 他的目标确实是一步一步实现了。

（四）从本课生词表中选择恰当的词语填空

1. 丽丽小时候就_____着当一名电影演员。

2. 你们_____了，他是我表弟，不是我男朋友。

3. 我没有_____电话，只有一部手机。

4. 他病一好就立刻_____到新的工作中。

5. 经理_____了过去的工作，又布置了今后的任务。

6. 在中国留学的那段日子将永远留在我的_____中。

7. 小于是个电脑_____，同事们谁的电脑坏了都找他。

8. 政府的工作目标是让_____的生活越来越好。

9. 这是九十_____流行的一首老歌。

10. 早晨，教室里_____出阵阵读书声。

11. 那时候，他白天工作，晚上学习，生活非常_____。

12. 门铃_____了，你快去开门。

13. 王老师的_____写得非常漂亮。

14. 让人_____的是，那个女人不是他的妻子。

15. 十点二十分，火车_____到达大连站。

16. 这是一台新机器，你一定要按要求进行_____。

17. 看到有意思的地方，他_____笑出声来。

(五) 用下列生词组成短语

| 固定 | 总结 | 梦想 | 状况 | 先进 |
| 现代 | 记忆 | 准时 | 使劲儿 | 所有 |

(六) 在合适的位置加上"究竟"

例：你去不去呀？
→你究竟去不去呀？

1. 我就是想不明白，问题出在哪里呢？
   → _____

2. 这件衣服一百块钱能不能卖？
   → _____

3. 你买还是我买？
   → _____

4. 谁是这儿的老板？
   → _____

（七）替换

1

长得像电影明星	有那么漂亮呀
就要结婚了	有女朋友啊
今天请客	有那么多钱哪
没跟她打招呼	能那么没礼貌啊
一个人先走了	能这么不够朋友啊

谁说我是<u>中国通</u>？我哪<u>有那么高的水平呀</u>？

2

当中国人说起"三大件"时，总是不禁要<u>感慨一番</u>。

奶奶回忆过去的日子	感慨一番
我看到这封信	流下眼泪
邻居们看到小云	想到小云的妈妈
人们路过这个广场	想起那个难忘的夜晚

(八) 根据提示，把下列陈述句改写为反问句

例：这个地方一点儿也不像农村。（哪里）
→ 这个地方哪里像农村？

1. 他的话没有人相信。（谁）
   → _____

2. 我没借过这本书。（哪儿）
   → _____

3. 昨天的面试很容易。（谁说）
   → _____

4. 手机是你的，我不知道放在哪儿了。（怎么）
   → _____

5. 我们是老朋友，不用客气。（什么）
   → _____

6. 出国留学是好事，应该支持。（为什么）
   → _____

7. 我没说过要请大家吃晚饭。（什么时候）
   → _____

8. 跟小孩子不用生这么大的气。（干什么）
   → _____

(九) 根据课文内容，用所给的词语回答问题

1. 什么是"三大件"？（曾经、梦想）
2. 为什么"孩子"也是现代"三大件"之一？（指的是、希望、投入）
3. "三大件"的变化反映了什么？（水平、提高）

(十) 功能会话

1. 质问

(1) A：你究竟是怎么想的？做出这样的事来！
    B：我当时什么也没想。

(2) A：说！你昨晚跟谁在一起？
    B：我跟几个朋友一起喝酒了。

2. 说明

(1) A：说实在的，我很担心这次考试的成绩。
    B：都考完了，就别想那么多了。

(2) A：说真的，他对我很照顾。
    B：那你还不满意。

(十一) 阅读

科学改变生活

从小学到大学，我读了十五年书，走过了四所学校，一所比一所先进、漂亮。这是社会的进步，更是科学的进步。

我的小学就在村东，那里给我记忆最深的是上下课的铃声。说是铃，其实是一口大钟。到了上下课的时间，老师就会使劲儿地敲钟，传出单调的声音。因为是人工操作，所以下课和放学的时间常常不准时。

我的初中是在镇上读的，每次上下课，都会响起"丁零零、丁零零"的铃声。我顺着声音找了半天才发现，学校使用的是电铃，打铃的时间都是控制好的，不会耽误一分钟，也不用谁去手工操作。

到县城上高中以后，让我惊讶的不是电铃比初中多，而是幻灯片的使用。习惯了看黑板的我，以为所有学校都那样上课，没想到，板书还可以通过幻灯在教室的墙上放映！当我第一次看到这种板书时，真是不敢相信自己的眼睛……

走进大城市的大学校园，我有了更多的惊讶。上上下下的电梯，各种各样的电脑，还有那丰富多彩的网络世界……

从乡村走进城市，我一点点感受到科学给校园、给生活带来的进步和美丽。

（作者：任光蓉，有删改）

1. 读后判断对错

（1）"我"是一个在乡村长大的孩子。　　　　　　　　　（　）
（2）因为声音好听，所以"我"对小学时的铃声印象最深。　（　）
（3）初中时，上课和放学的时间不准时。　　　　　　　（　）
（4）第一次看到幻灯片，"我"高兴极了。　　　　　　　（　）
（5）到县城以后，让"我"惊讶的是高中的电铃比初中的还要多。（　）
（6）从小学到大学，"我"的学习、生活条件越来越好。　（　）
（7）是科学的进步带来这么大的变化。　　　　　　　　（　）

2. 连线后朗读

(十二) 交际

1. 自由表达

说说你留学以前听说过的中国和来中国以后看到的中国有什么不同。

（这些词语可以帮助你：说实在的、生活水平、老百姓、究竟……）

2. 完成任务

写一段话，向朋友介绍中国人的生活状况。

第9课 健身与美容

 课文

(周末，王海陪妻子刘容走进一家美容院)

接待员：您好！欢迎光临！

刘　容：小姐，听说你们有一种新美容卡。

接待员：对，叫基础美容优惠卡，是专门为青年女性推出的。

刘　容：怎么优惠？

接待员：每张卡做50次，1888元，包括脸部、眼部和颈部美容。

王　海：是不贵，每星期一次，正好可以做一年。

刘　容：其实，钱多少无所谓，进美容院为的是保持年轻。

接待员：是啊，女人过了三十岁，光靠擦化妆品不行，还得定期进行保养。

刘　容：我的皮肤不太白，这方面有没有办法改善？

接待员：我们的产品分美白和保湿两种，您可以根据自己的情况自由选择。

刘　容：做完效果怎么样？

接待员：只要坚持，很快就会看到变化。我们给每位顾客提供一次免费服务，您先试试吧。

刘　容：好，我听你的。

王　海：你在这儿美容，我去附近的书店看一眼。

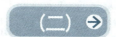

　　近年来，经济的发展使中国人的生活方式发生了很大的变化。健身与美容正逐渐成为人们日常生活中不可缺少的一部分。走在大街上到处可以看见大大小小的美容院、健身房，进进出出的有二十几岁的年轻人，也有四五十岁的中年人，他们都有一个同样的目的，那就是为自己留住健康和美丽。商家也抓住这一机会，推出了各种月卡、季卡、年卡等，吸引顾客，扩大生意。

1. 钱多少无所谓。
2. 只要坚持，很快就会看到变化。
3. 好，我听你的。

1. 健身	jiànshēn	（动）	keep fit
2. 美容	měiróng	（动）	beautify the face
3. 妻子	qīzi	（名）	wife
4. 女性	nǚxìng	（名）	female sex
5. 推出	tuīchū	（动）	present to the public
6. 包括	bāokuò	（动）	include
7. 部	bù	（名）	part; section
8. 颈	jǐng	（名）	neck
9. 无所谓	wúsuǒwèi	（动）	can't be considered or designated as
10. 光	guāng	（副）	only; solely
11. 化妆品	huàzhuāngpǐn	（名）	makeup

12. 保养	bǎoyǎng	（动）	maintenance; maintain
13. 皮肤	pífū	（名）	skin
14. 改善	gǎishàn	（动）	improve
15. 保	bǎo	（动）	keep
16. 湿	shī	（形）	wet
17. 提供	tígōng	（动）	provide
18. 成为	chéngwéi	（动）	become
19. 日常	rìcháng	（形）	everyday
20. 缺少	quēshǎo	（动）	lack
21. 商家	shāngjiā	（名）	businessman; business firm
22. 抓	zhuā	（动）	grab; arrest
23. 季	jì	（名）	season
24. 吸引	xīyǐn	（动）	attract
25. 扩大	kuòdà	（动）	enlarge
26. 耐心	nàixīn	（形、名）	patient; patience
27. 生动	shēngdòng	（形）	vivid
28. 描述	miáoshù	（动）	description; describe
29. 活儿	huór	（名）	work
30. 大胆	dàdǎn	（形）	bold
31. 痛苦	tòngkǔ	（形）	pain
32. 乱	luàn	（形、副、动）	indisorder; indiscriminate

第 9 课　健身与美容

33.	好容易	hǎoróngyì	（形）	very difficult
34.	凡	fán	（副）	all
35.	行李	xíngli	（名）	luggage
36.	过年	guò nián		celebrate the New Year or Spring Festival
37.	劝说	quànshuō	（动）	persuade
38.	顺手	shùnshǒu	（副、形）	conveniently
39.	紧	jǐn	（形）	tight; urgent; short of money
40.	美发师	měifàshī	（名）	hairdresser
41.	揪	jiū	（动）	hold tight
42.	缕	lǚ	（量）	lock; wisp; strand
43.	拧	nǐng	（动）	twist
44.	唉哟	āiyō	（叹）	Ow!
45.	头皮	tóupí	（名）	scalp
46.	烤	kǎo	（动）	bake
47.	圈	quān	（量、名）	circle
48.	喷	pēn	（动）	spurt
49.	本	běn	（副）	original
50.	饼干	bǐnggān	（名）	biscuit
51.	折磨	zhémó	（动）	torment

四 语言点

(一) 基本句

1. ……为的是……

表示目的。例如：

"……为的是……" indicates the purpose of intention. For example:

(1) 爱米住在校外，为的是多跟中国人接触。

(2) 老张这样做，为的是大家。

(3) 他们买房子为的是给儿子结婚用。

2. 数量补语（2）

有一类数量补语，是临时借用一些名词来表示动量，这类名词多是人体某一部分或行为所凭借的工具。例如：

One of the complement of quantity is that of borrowing some quantity of motion nouns expressing the part of the body or tools by which an action or behavior is completed. For example:

(1) 那位姑娘往这边看了一眼。

(2) 这儿没水，渴了就咬几口苹果吧。

(3) 这块西瓜有点儿大，再切(qiē, cut)一刀。

(二) 词语用法

1. "是"表示坚决肯定

"是"，动词。表示坚决肯定的语气，相当于"的确"，要重读。后面接形容词或动词等。例如：

"是", a verb, denotes firm affirmative mood, giving assent or approval;

confirming that something is true or correct. "是" should be stressed and be followed by adjectives or verbs. For example:

(1) 他的水平是高,我一看就知道。

(2) 这儿的风景是漂亮,好像画儿一样。

(3) 那天她是说过这话。

2. 光

副词。表示限定范围;只。例如:

"光", an adverb, meaning only or soly, denotes the restriction. For example:

(1) 别光喝酒不吃菜呀。

(2) 光着急却想不出好办法。

(3) 光我们班就来了20人。

五 操练与交际

(一) 辨音

piàn rén（骗人）　　　liányè（连夜）
biànrèn（辨认）　　　línyè（林业）

qiánjìn（前进）　　　xìngyùn（幸运）
qínjiǎn（勤俭）　　　xìnrèn（信任）

jiàn jūn（建军）　　　jiǎnzhāng（简章）
jìnqū（禁区）　　　　jǐnzhāng（紧张）

xìnxī（信息）　　　　shàng shēn（上身）
xìnxīn（信心）　　　 shàngshēng（上升）

zhúlán（竹篮） fǎnwèn（反问）
nǚláng（女郎） fǎngwèn（访问）
dānxīn（担心） zhāngtiē（张贴）
dāngxīn（当心） zhāntiē（粘贴）

（二）朗读下列短语

青年女性	改善环境	提供帮助	日常生活
中年女性	改善条件	提供服务	日常用品
老年女性	改善关系	提供房子	日常工作
缺少经验	耐心体会	生动的描述	脏活儿
缺少了解	耐心解释	生动的介绍	累活儿
缺少支持	没有耐心	生动地说明	干活儿

（三）朗读下列句子

1. 好，我听你的。
2. 好，我们听老张的。
3. 你在这儿美容，我去附近的书店看一眼。
4. 你们在这儿聊，我去旁边的商店看一眼。
5. 他们都有一个同样的目的，那就是为自己留住健康和美丽。
6. 我们都有一个同样的目的，那就是学好汉语、了解中国文化。

（四）从本课生词表中选择恰当的词语填空

1. 本店最新_____十元特色菜，欢迎品尝。
2. 在大家的帮助下，警察很快就_____住了那个小偷。
3. 美丽的乡村风景深深地_____了他。
4. 刚下完雨，地上很_____，走路要小心。
5. 听说男朋友要出国留学，丽丽心里很_____，什么事也不想干。
6. 这个考试_____听和说两个部分。

7. 跟过去比，这里的工作条件已经＿＿＿＿不少了。

8. 在子女的＿＿＿＿下，爸爸到医院做了身体检查。

9. 这些都是我的＿＿＿＿工作，没有什么值得介绍的。

10. 这条裤子穿在我身上太＿＿＿＿了，能不能换大一号的？

11. 看你那＿＿＿＿的样子，是不是又头疼了？

12. 机器到了一定时间就得＿＿＿＿，这样才能继续使用。

13. 这孩子＿＿＿＿知道玩儿，不爱学习。

14. 新装修的商店比原来的面积＿＿＿＿了一倍，顾客也更多了。

15. 谢谢您为我们大学生＿＿＿＿这么好的实习机会。

16. ＿＿＿＿以为大家都会在这儿，没想到只来了两个人。

17. 这些年轻人很有工作热情，只是＿＿＿＿工作经验。

18. 您能不能＿＿＿＿一下儿那个人的样子？

19. 爸爸讲得非常＿＿＿＿，孩子们听得忘了吃饭。

20. 我＿＿＿＿才买到这本书，你千万别借给别人。

21. 你出门的时候，请＿＿＿＿把垃圾（lājī, rubbish）袋儿带出去。

（五）用下列生词组成短语

| 改善 | 提供 | 成为 | 吸引 | 大胆 |
| 耐心 | 缺少 | 扩大 | 痛苦 | 乱 |

（六）朗读下面的句子，找出数量补语

1. 孩子咬了一口苹果，觉得不好吃，就放下了。

2. 小张轻轻地打了男朋友一拳。

3. 他特别爱踢球，每天都到操场踢几脚。

4. 你走的时候告诉我一声。

5. 快去拉大妈一把，她年纪大，上不来。

6. 山本只看了一眼电视，就立刻被吸引住了。

(七) 替换

1
有效果　　我一下子瘦了不少
不难　　　慢慢就学会了
很有意思　去了还想再去
不错　　　皮肤真的变白了

是不贵，每星期一次，正好可以做一年。

2
女人过了三十岁，光靠擦化妆品不行，还得定期进行保养。

学太极拳	看人家做	自己多练习
想变瘦	吃得少	多运动
要做好这份工作	会用电脑	会说外语
招聘大学生	看成绩	看能力

(八) 模仿

1. 其实，钱多少无所谓，进美容院为的是保持年轻。

 其实，_____无所谓，_____为的是_____。

2. 我的皮肤不太白，这方面有没有办法改善？

 我的_____，这方面有没有办法_____？

3. A：我们给每位顾客提供一次免费服务，您先试试吧。
 B：好，我听你的。

 A：我们_____，您先_____吧。
 B：好，我听你的。

第 9 课　健身与美容

（九）完成句子

1. 哥哥好容易_____，你别给弄坏了。
2. 凡_____，都可以参加辅导班。
3. _____无所谓，大家玩得高兴才是最重要的。

（十）根据课文内容，用所给的词回答问题

1. 什么是"基础美容优惠卡"？（为……推出、次、元、包括、部）
2. 做完美容效果怎么样？（只要……就……）
3. 近年来，中国人的生活方式有什么新的变化？（不可缺少）
4. 人们为什么开始走进美容院、健身房？（同样、留住）
5. 商家是怎样抓住这一机会的？（推出、吸引、扩大）

（十一）功能会话

1. 说明

   A：我这次来，为的是孩子上学的事儿。
   B：孩子上学怎么了？

2. 服从

   （1）A：今天我们就是好好儿玩儿，不谈工作。
   　　 B：行，听你的。

   （2）A：我们先休息一会儿，然后再接着干。
   　　 B：我没有意见。

3. 不在乎

   （1）A：挣钱多少无所谓，只要活得快乐就好。
   　　 B：你说得太对了。

   （2）A：你看，我是穿这件衣服好，还是穿那件衣服好？
   　　 B：随你的便。

（十二）阅读

第一次烫头发

出差一个星期回来，本来就该剪的头发已经又乱又长。回家放下行李后，我立刻奔向社区理发店。洗完头发，老板看了一下，建议我烫个头，再上个颜色。马上就要过年了，是该换个新发型了。在老板的反复劝说下，我只好答应，顺手拿过一份当天的报纸，一边做头一边看。

我不是那种紧跟流行的人，所以从来都认为烫头发是女人的事儿，虽然也曾经大胆地留过长发，但烫头却从来没试过。凡事总有头一回嘛，我告诉自己要耐心体会。选好了药水，美发师就上来把我的头发揪成一缕一缕的，再用什么东西包上使劲拧。哎哟，这感觉实在不太好，揪得我头皮好疼！也不知究竟过了多长时间，终于给我包得差不多了，看看镜子，好大一个刺猬（cìwei, hedgehog）！

接着就要烤了。真是"烫"头，生动的描述啊！烤得我整个头皮发烫。美发师还经常过来摸摸，痛苦啊！一直到几十张报纸都看得差不多的时候，总算烤完了。美发师过来先用毛巾把我脖子包住，接着又给我头上包一圈，然后又用什么药水在头上喷了好久。本以为这是最后一步，没想到弄完以后他把我刚放下的报纸又递给我说："还有十五到二十分钟就可以了。"

天啊！今天中午在火车上，我光吃了点儿饼干，现在外面天都黑了，肚子也叫起来。什么时候才是个头儿啊！等啊等，终于可以洗了，洗完还要修剪，这也是慢活儿，好容易烫出来的，剪坏了可不行。

一下午的折磨，一天的辛苦，我终于回到了家。老妈看了看我，说了一句："这孩子，弄成这样了，明天怎么上班呀？"

1. 读后判断对错

(1) 出差回来后我马上奔向理发店,想烫个头发。　　(　　)
(2) 作者是一个不愿紧跟流行的姑娘。　　(　　)
(3) 烫头前我反复鼓励自己。　　(　　)
(4) 烫头的过程又长又痛苦。　　(　　)
(5) 因为饿了,我一边烫头一边吃饼干。　　(　　)
(6) 头发烫出来很容易。　　(　　)
(7) 头发烫完后效果不好。　　(　　)

目标汉语·基础篇 5

2. 连线后朗读

生动的　　　一步
反复　　　　体会
耐心　　　　理发店
紧跟　　　　描述
最后　　　　劝说
直奔　　　　流行

(十三) 交际

完成任务

根据下面的情景,二人分别扮演李丽和美容院接待员,通过电话了解"基础美容优惠卡"。

刘容在美容院做完美容以后,感觉效果不错。她把自己的体会告诉了好友李丽,李丽立刻打电话给美容院,问有关"基础美容优惠卡"的事。

今天吃什么

第10课
Lesson 10

 课文

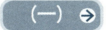

服务员：您好！欢迎光临中华美食城！

山　本：我想预订一个包间。

服务员：您这边请。请坐！

山　本：谢谢。明天晚上我要带朋友来吃饭。

服务员：请问，要来几位客人？

山　本：五六个吧，都是日本人。我想让他们好好儿尝尝中国菜。

服务员：那您就来对了，我们这儿全国各地的美食都有。

山　本：太好了，您帮我出出主意，点什么菜好？

服务员：北京烤鸭肥而不腻，外国客人都很喜欢，这道菜一定不能少。

山　本：好主意。

服务员：川菜味道也不错，只是日本客人口味清淡，不知道他们怕不怕辣？

山　本：川菜又麻又辣，麻得过瘾，辣得舒服，他们会喜欢的。

服务员：广东菜最有特色，特别是蛇肉和蛇胆酒，也不应该错过。

山　本：嗯，说的对。

服务员：中国有"八大菜系"，一顿饭要想都尝遍，恐怕不容易。

山　本：所以我才拿不定主意呢。

服务员：您回去再想想，明天点菜都来得及。您的包间是218，里面有卡拉OK，客人们可以边吃边唱。

山　本：你们想得真周到。对了，这儿的电话是多少？

服务员：这是我们的服务卡。您也留个电话，有什么变化提前跟我们联系。

(二)

　　许多人经常会遇到这样一种情况：想吃点儿什么，却又不知吃什么好。过去人们为吃发愁，是因为生活困难，缺衣少食；现在人们为吃发愁，是因为物质丰富，可以选择的太多：不同风味的中国菜馆到处可见，肯德基、麦当劳、比萨饼、日本料理、韩国烤肉……各种"洋餐"也不稀罕。以前为填饱肚子不得不吃的粗粮、野菜，如今成了好东西；相反，那些鸡鸭鱼肉却不怎么受欢迎了。营养学家也建议，每顿饭中肉类食品不要超过50克。这可愁坏了家庭主妇：既要吃得好，又要吃出健康，这"吃"越来越是个难题了。

1. 我想预订一个包间。
2. 您帮我出出主意，点什么菜好？
3. 所以我才拿不定主意呢。
4. 你们想得真周到。

三 生词

1. 美食	měishí	(名)	delicious food
2. 预订	yùdìng	(动)	book
3. 包间	bāojiān	(名)	compartment; a separate room, section, or chamber
4. 腻	nì	(形)	greasy
5. 道	dào	(量)	for courses in a meal
6. 口味	kǒuwèi	(名)	one' taste
7. 清淡	qīngdàn	(形)	not greasy or rich
8. 过瘾	guò yǐn		satisfy the urge of a hobby
9. 肉	ròu	(名)	meat
10. 胆	dǎn	(名)	gallbladder
11. 错过	cuòguò	(动)	miss (an opportunity, object)
12. 八大菜系	bā dà càixì		eight traditional Chinese cuisine
13. 里面	lǐmiàn	(名)	inside
14. 提前	tíqián	(动)	advance
15. 发愁	fā chóu		be worried about
16. 食	shí	(名)	food
17. 风味	fēngwèi	(名)	distinctive flavour
18. 菜馆	càiguǎn	(名)	restaurant

19. 料理	liàolǐ	（名）	dish
20. 洋	yáng	（形）	foreign
21. 稀罕	xīhan	（形）	scarce
22. 不得不	bùdébù	（副）	have no choice
23. 粗粮	cūliáng	（名）	coarse food grain
24. 野菜	yěcài	（名）	edible wild herbs
25. 如今	rújīn	（名）	nowadays
26. 相反	xiāngfǎn	（连）	indicate contradiction in meaning between the two sentences
27. 克	kè	（量）	gram
28. 愁	chóu	（动）	worry about
29. 家庭主妇	jiātíng zhǔfù		housewife
30. 难受	nánshòu	（形）	feel unhappy; feel uncomfortable
31. 一辈子	yíbèizi	（名）	all one's life
32. 痛快	tòngkuai	（形）	joyful; frank and direct
33. 大方	dàfang	（形）	generous
34. 感动	gǎndòng	（动）	be moved
35. 舍不得	shěbude	（动）	be loathe to part with
36. 偷偷	tōutōu	（副）	stealthily
37. 挨	ái	（动）	suffer
38. 兄弟姐妹	xiōngdì jiěmèi		brothers and sisters
39. 搬运	bānyùn	（动）	carry

第10课 今天吃什么

40. 工	gōng	（名）	worker
41. 工厂	gōngchǎng	（名）	factory
42. 单位	dānwèi	（名）	unit; government office
43. 铁	tiě	（名、形）	iron (Fe); as iron
44. 饭盒	fànhé	（名）	lunch box
45. 盛	chéng	（动）	fill
46. 盒	hé	（名、量）	box
47. 盖	gài	（动）	cover
48. 煎	jiān	（动）	fry
49. 伴侣	bànlǚ	（名）	companion
50. 摇	yáo	（动）	shake
51. 干部	gànbù	（名）	cadre
52. 感激	gǎnjī	（动）	feel grateful
53. 贫穷	pínqióng	（形）	poor
54. 饥饿	jī'è	（形）	hunger

专名 Proper nouns

1. 中华	Zhōnghuá	China (alternate formal name)
2. 广东	Guǎngdōng	Guangdong (province)
3. 肯德基	Kěndéjī	Kentuckey Fried Chicken (KFC)
4. 麦当劳	Màidāngláo	McDonald's
5. 比萨饼	Bǐsàbǐng	Pizza

四 语言点

(一) 基本句

……，相反……

表示上文与下文的意思互相对立。例如：

"……，相反……" denotes contradiction in meaning. For example:

(1) 儿子打碎了花瓶，母亲不但没有批评他，相反还安慰他。

(2) 眼前的困难没有吓倒他，相反他的决心更大了。

(二) 词语用法

1. 疑问代词活用（2）

疑问代词有时不表示疑问，而是其他用法。其中一种是虚指，表示不知道、说不出来或不需要说明的人或事物等。一般读轻声。例如：

Interrogative pronouns sometimes indicate some other meanings other than interrogation. Generic reference is one of them. It indicates the people or the things we do not know, we can not tell or not necessary for us to explain. They are usually read in light tones. For example:

(1) 太渴了，我想喝点儿什么。

(2) 那本书没丢，肯定是我同屋放在哪儿了。

(3) 咱们什么时候一起去爬山吧。

(4) 这件事我好像听谁说过。

2. 克

名量词。例如：

克 is a nominal measure word. For example:

二百五十克牛奶　　一千克水果　　　一斤等于五百克

五　操练与交际

（一）辨音

jìlù（纪律）　　　　　　　yùjì（预计）
lìjù（例句）　　　　　　　qǔyì（曲艺）

bēi'āi（悲哀）　　　　　　hēibái（黑白）
běi'àn（北岸）　　　　　　ānpái（安排）

zìjù（字句）　　　　　　　cíqì（瓷器）
sìjì（四季）　　　　　　　cìjī（刺激）

zhǎodào（找到）　　　　　dàchǎo（大吵）
zǎo dào（早到）　　　　　zácǎo（杂草）

fángzhǐ（防止）　　　　　zhízé（职责）
huāngzhì（荒置）　　　　 zhízhuó（执著）

quàn jiǔ（劝酒）　　　　　zìjǐ（自己）
qiānjiù（迁就）　　　　　 zìjué（自觉）

yúlè（娱乐）　　　　　　　jìnlù（近路）
yúrè（余热）　　　　　　　jìnrù（进入）

cónglái（从来）　　　　　wūshuǐ（污水）
chónglái（重来）　　　　 wǔ suì（五岁）

(二) 朗读下列短语

口味清淡	又麻又辣	错过机会	提前预订	为吃发愁
喜欢清淡	又酸又甜	错过时间	提前买票	为钱发愁
不够清淡	又苦又咸	不要错过	时间提前	为水发愁
北京风味	不得不说	饿得难受	干一辈子	喝得痛快
风味小吃	不得不做	心里难受	辛苦一辈子	玩得痛快
风味菜	不得不学	肚子难受	照顾一辈子	心里不痛快

(三) 朗读下列句子

1. 五六个吧，都是日本人。我想让他们好好儿尝尝中国菜。
2. 七八个吧，都是留学生。我想让他们好好儿尝尝东北菜。
3. 那您就来对了，我们这儿全国各地的美食都有。
4. 那你们就来对了，我们家什么书都有。
5. 太好了，您帮我出出主意，点什么菜好？
6. 太好了，您帮我想想，买什么礼物好？
7. 所以我才拿不定主意呢。
8. 所以我才不知道怎么办呢。
9. 这"吃"越来越是个难题了。
10. 这"求职"越来越是个难题了。

(四) 从本课生词表中选择恰当的词语填空

1. 他从小就_____大，什么都不怕。
2. 这次旅行一共去了六个城市，玩儿得真_____。
3. 这是今天的最后一趟车，要是_____了，咱们就走不了了。
4. 我正为孩子的工作_____呢，你就给我带来了这个好消息。

5. 这只小狗好像病了，不爱吃_____。

6. 以前那个小花园，_____已经变成大广场了。

7. 他们的爱情故事真让人_____。

8. 看到满头白发的妈妈还在地里干活，他心里说不出的_____。

9. 我们_____有三个姓李的，大家就叫他们"老李"、"大李"和"小李"。

10. 他是个_____人，朋友在一起吃饭总是他请客。

11. 米饭还有不少，吃完了可以再_____。

12. 我刚说出自己的想法，老板就_____地答应了。

13. 过年过节的时候，车票非常紧张，最好提前_____。

14. 住了多年的邻居就要搬走了，心里真有点儿_____。

15. 这几天肚子不舒服，我想吃_____一点儿的菜。

16. 他生活在一个_____的家庭中，但他的童年还是充满了快乐。

17. 我非常_____大家对我的关心和帮助。

18. 我们厂推出了三种最新_____的冰淇淋，欢迎大家品尝。

19. 为了减肥，她常常_____饿。

(五) 选择填空

由　给　趁　让　向　与

1. _____老板心情好，你快说说要借钱的事。

2. 这次海南游，_____我们的印象很深。

3. 我是经理，出了问题应该_____我负责。

4. _____过去相比，他这次的成绩已经进步了不小。

5. 她笑着_____走进商店的每一位顾客表示欢迎。

6. 那张新买的DVD_____美英借去了。

(六) 用下列生词组成短语

不得不　　预订　　大方　　感动　　痛快
舍不得　　偷偷　　提前　　难受　　挨

(七) 用括号里的词语改写句子

1. 开学一个多月了，咱们班找个时间开个晚会吧。（什么时候）
2. 我以前在一个地方见到过他，不过现在记不清了。（哪儿）
3. 好容易出趟国，我得买点儿东西送给亲戚朋友。（什么）
4. 我走累了，想坐个地方休息一会儿。（哪儿）
5. 寂寞的时候真想找个人聊聊天。（谁）

(八) 替换

1

考虑考虑　　交给我
商量商量　　决定
问问　　　　开始干
打听打听　　告诉他

您回去再<u>想想</u>，明天<u>点菜</u>都来得及。

2

说　　对他说
买　　给婆婆买
送　　送男朋友
带　　给大家带

想<u>吃</u>点儿什么，却又不知<u>吃</u>什么好。

第10课　今天吃什么

（九）给括号中的词语选择合适的位置

1. 十年后 A 再回到家乡 B，C 都那么陌生。（一切） ____
2. A 这事儿 B 有点儿奇怪，他怎么 C 知道我们要走的？（是） ____
3. 我就 A 是 B 想知道小钱 C 是怎么想的。（究竟） ____
4. 表演结束后 A 同学们选出 B 最受欢迎的 C 三个节目。（由） ____
5. 这么好的机会 A 你千万 B 不能 C 啊。（错过） ____
6. 哪怕大家 A 都不相信我，B 你 C 不应该怀疑我。（也） ____
7. A 就因为帮你修 B 电脑回家晚了，我被妈妈说了 C。（一顿） ____

（十）判断对错

1. 曾经在这里没住过。（　）
2. 据老同学说，这个学校每年都组织一次免费的旅游。（　）
3. 送走母亲以后，他的心情久久不能安静。（　）
4. 哪怕花两倍的钱，也我要买到那张球票。（　）
5. 朋子是我们班学习最好的同学之一。（　）

（十一）根据课文内容，用所给的词语回答问题

1. 山本去中华美食城做什么？（预订、朋友、尝尝）
2. 服务员建议点什么菜？（北京烤鸭、川菜、广东菜）
3. 川菜有什么特点？（又……又……）
4. 为什么山本说"你们想得真周到"？（卡拉OK、边……边……）
5. 过去中国人为什么"为吃发愁"？现在呢？（困难、缺、少、丰富、多）
6. 现在人们对"吃"有什么新的要求？（既要……又要……）

(十二) 功能会话

1. 犹豫

　　A：你说我是上文化班呢，还是上普通班？

　　B：看你想怎么学了。

　　A：我真有些拿不定主意。

2. 商量

（1）A：中午我们就在学校食堂随便吃点什么吧。

　　B：听你的。

（2）A：天已经晚了，咱们今天就干到这儿，好不好？

　　B：好吧。

(十三) 阅读

难忘的一顿饭

　　一天，女儿突然问："爸，你和妈恋爱时，哪件事给你印象最深？"我认真地想了一下说："一顿饭，是你妈请我吃的一顿饭感动了我。"

　　小时候，吃一顿饱饭是我最大的愿望。那时家里兄弟姐妹八个全靠父亲一个人的工资生活，不要说一个星期吃不到一次肉，连天天吃饱饭都做不到。后来我下农村八年，吃了很多苦，但最难受的还是饿肚子。我当时的愿望就是找一个能有饭吃的地方干一辈子。

　　回城后，我在一家商店做搬运工，认识了在一家工厂食堂做会计的妻子。第一次送货到她们单位，她就留我吃饭。她用一个很大的铁饭盒盛了满满一盒饭给我，上面盖着几大块肥肥的猪肉，还在饭下面偷偷放了两个煎鸡蛋。那是我当搬运工以来吃得最饱、最痛快的一顿饭。

　　后来我才知道，那顿饭是妻子付的钱。当时妻子一个月工资才三十多元，平时一分钱也舍不得随便花，却大方地请我吃饭，一顿就吃了四元多。我感动极了，觉得如果找这样的人做伴侣，我这一辈子都不会饿肚子了。

　　女儿笑着说："爸，你也太容易满足了。"我摇摇头："民以食为天。跟你妈在一起，我没挨过饿，这样才能去努力工作。后来我还由搬运工变成了国家干部，你说我怎么能不感激她？"

　　三十多年来，我和妻子渐渐远离了贫穷，忘记了饥饿，过着幸福的生活。而女儿的问题又让我想起了以前的那段日子。

1. 读后选择正确答案

　　(1) 关于作者小时候的生活，我们知道什么？
　　　　A. 他家有八口人　　　　　　B. 他们常常挨饿
　　　　C. 他家每星期只吃一次肉　　D. 他的父亲工作很忙

　　(2) 作者是什么时候认识妻子的？
　　　　A. 在农村的十年里　　　　　B. 在饭店工作时
　　　　C. 做会计时　　　　　　　　D. 在一家商店当搬运工时

　　(3) 作者吃的那顿饭
　　　　A. 是食堂免费给的　　　　　B. 是自己买的
　　　　C. 是妻子付钱给他买的　　　D. 是单位的师傅给买的

　　(4) 作者为什么跟现在的妻子结婚？
　　　　A. 因为她很会做饭　　　　　B. 因为她请作者吃了饭
　　　　C. 因为她在食堂当采购员　　D. 因为她会让作者不挨饿

　　(5) 下面哪种说法是错的？
　　　　A. 作者现在已经当了干部　　B. 作者和妻子过着幸福的生活
　　　　C. 作者是个容易满足的人　　D. 作者已经不再饿肚子了

2. 朗读下面的短语

印象最深　　　　最大的愿望　　　饿肚子　　　　煎鸡蛋

舍不得随便花钱　　容易满足　　　解决吃饭问题

3. 理解句子

（1）不要说一个星期吃不到一次肉，连天天吃饱饭都做不到。

（2）民以食为天。

（3）我和妻子渐渐远离了贫穷。

(十四)　交际

1. 自由表达

介绍一个自己喜欢的中国菜。

（这些词语可以帮助你：美食、辣、过瘾、甜、特色、尝、营养……）

2. 完成任务

根据下面提供的背景，为班级晚会订餐。

开学一个月了，同学们建议在饭店举行一个晚会，大家边吃边聊，增加感情。班长接受了大家的建议。今天下课后，他来到饭店为晚会预订包间。

自 测 题

一、词语搭配（每个 2 分，共 20 分）

激烈的_____　　改变_____　　安全_____

不得不_____　　进行_____　　吸引_____

_____经验　　　提供_____　　差点儿_____

_____困难

二、选词填空（每个 1 分，共 10 分）

> 份　番　节　道　套
> 架　克　圈　顿　盒

1. 那_____糖是小方去上海出差带回来的。
2. 他点了六_____热菜四_____凉菜。
3. 孩子做错了事，被爸爸批评了一_____。
4. 你看，天上有一_____飞机。
5. 这种水果 500_____十元钱。
6. 参观了新房以后，大家对他的装修夸奖了一_____。
7. 老黄转了好几_____，也没找到那家商店。
8. 今天只有两_____课，所以下午咱们可以去看电影。
9. 她为每个孩子准备了一_____礼物。
10. 春节前，我给妈妈买了一_____新衣服。

三、选择（每个1分，共20分）

（一）每题后有一个词语，请判断这个词语放在A、B、C、D哪个位置最合适

1. 你们A年轻人应该B年纪小的时候C多学点儿D本领。_____
   趁

2. A他B明年将C被派到国外工作D。_____
   据说

3. A不仅B会说汉语C而且他爸爸D也会说汉语。_____
   他

4. A听说他大学毕业以后B去日本C实习D过一年。_____
   曾经

5. 大连A是中国B著名的旅游C城市D。_____
   之一

6. A一个月B花五百块钱C不多D。_____
   是

7. 睡觉前妈妈A要B给孩子C讲一个D故事。_____
   照例

8. A这个道理大家B都明白，C他D不知道。_____
   却

9. A想了几天，B想出了一个C让大家都D满意的办法。_____
   总算

10. A他们B发不发工资C我有什么D关系？_____
    与

（二）从A、B、C、D四个答案中选择唯一恰当的答案

1. 这座房子_____已经卖出去了。
   A. 大概　　　B. 大约　　　C. 没有　　　D. 约

165

2. _____ 建设希望小学，还需要全社会的努力。

    A. 关于　　　　B. 对于　　　　C. 由于　　　　D. 对

3. 你_____想不想参加 HSK 辅导班？

    A. 难道　　　　B. 到底　　　　C. 愿意　　　　D. 如何

4. 我校的日本留学生_____留学生总数的 35%。

    A. 凭　　　　　B. 占　　　　　C. 趁　　　　　D. 由

5. 你穿这件红色的衣服_____很年轻。

    A. 说明　　　　B. 表示　　　　C. 显得　　　　D. 理解

6. 考试对我来说不太重要，考多少分都_____。

    A. 舍不得　　　B. 不得不　　　C. 对得起　　　D. 无所谓

7. 只会听说_____不会读写，这不算学好了外语。

    A. 又　　　　　B. 也　　　　　C. 就　　　　　D. 而

8. 以后我一定_____来看望你们。

    A. 往往　　　　B. 渐渐　　　　C. 常常　　　　D. 刚刚

9. 20.60 元，读作：_____

    A. 二十点六零元　　　　　　B. 二十钱六毛

    C. 二十块零六十　　　　　　D. 二十点六十元

10. 这么重要的事儿，你哪怕再忙，_____不应该忘了啊。

    A. 就　　　　　B. 也　　　　　C. 才　　　　　D. 所以

四、判断对错并改正错误（每个 2 分，共 10 分）

1. 老人们把社区工作人员夸奖了一顿。

2. 那个人是来找我。

3. 这个电影真不错，看值得。

4. 这是我第一次到中国来。

5. 这个菜的口味有点奇怪，是不是坏了？

五、连词成句（每个2分，共10分）

1. 能 老人 的 没 始终 实现 愿望
   _____

2. 就 你 出发 来得及 七点
   _____

3. 北京烤鸭 想 山本 朋友 请 尝尝
   _____

4. 他 一年 曾经 这儿 在 住过
   _____

5. 大胆 老师 鼓励 发言 同学们
   _____

六、用括号中的词语完成句子（每个2分，共10分）

1. 这个菜太辣了，_____。（连……也……）
2. 雨越下越大，山本_____。（不得不）
3. 即使你不喜欢她，_____。（也）
4. 他家买了一台新电脑，_____。（另外）
5. 凡是不上课的学生，_____。（都）

七、造句（每个2分 共10分）

1. 或者……或者……
   _____

2. 哪怕……也……
   _____

3. 当……时
   _____

4. 到底

   _____

5. 曾经

   _____

八、书面表达（10分）

选择一个题目，写一篇100字左右的小作文。

1. 《我最喜欢的……》
2. 《我的留学生活》

阿姨	āyí	おばさん	아주머니	тётя	6
哎哟	āiyō	びっくりしたり苦しかったりする時に発する言葉	야	охать	9
挨	ái	受ける；迫られる	굶주리다	терпеть	10
安全	ānquán	安全である	안전(하다)	безопасность	2
安慰	ānwèi	慰める	위로하다	утешать	4

八大菜系	bā dà càixì	中国の8大料理系統	중국 8대요리 계열	восемь основные типы кухни	10
白	bái	むだに	쓸데없이	напрасно	4
搬运	bānyùn	運ぶ	운송하다	перевозить	10
板书	bǎnshū	板書	판서	написанное на доске	8
伴侣	bànlǚ	伴侶；連れ	동반자	спутник	10
包间	bāojiān	（料理店などの）個室	대절한 방	купе	10
包括	bāokuò	含む	포괄하다	включать	9
宝贵	bǎoguì	大切な	귀중하다	ценный	4
保	bǎo	保つ	유지하다	охранять	9

保养	bǎoyǎng	保養する	보양하다	беречь	9
抱	bào	抱える	안다	носить на руках	1
抱歉	bàoqiàn	すみません	미안해하다	сожалеть	3
倍	bèi	倍	배	кратное	2
背影	bèiyǐng	後姿	뒷모습	спина	1
本	běn	もともと	본래	вначале	9
本科	běnkē	(大学の)本科	본과	основные предметы	7
本领	běnlǐng	才能	재능	умение	3
变化	biànhuà	変化(する)	변화 (하다)	изменение	3
标准	biāozhǔn	標準的	표준	стандарт	3
表弟	biǎodì	いとこ	사촌 동생	двоюродный брат	7
饼干	bǐnggān	ビスケット	과자	печенье	9
不见不散	bú jiàn bú sàn	会うまで待つ	만날 때까지 기다리다	не до отпуска	3
不得不	bùdébù	〜せざるを得ない	…하지않으면 안된다	вынужденный	10
不禁	bùjīn	思わずに	금치 못하다	невольно	8
不仅	bùjǐn	〜だけでなく	…일 뿐만 아니라	не меньше	2
布置	bùzhì	装飾する	배치(하다)	располагать	6
步	bù	歩み；歩	걸음	шаг	8
部	bù	部分	부분	отдел	9

C

彩色	cǎisè	彩色	채색	цветной	8
菜馆	càiguǎn	料理屋	요릿집	ресторан	10
操	cāo	体操	체조	тренирование	5
操作	cāozuò	操作する	조작하다	операция	8
曾经	céngjīng	かつて；以前	이전에	когда-то	6
差点儿	chàdiǎnr	もう少しで	하마터면	чуть не	1

产生	chǎnshēng	生じる	발생하다	возникнуть	3
长远	chángyuǎn	長期の	장구하다	перспективный	7
厂	chǎng	メーカー	장	завод	6
超过	chāoguò	超過する	초과하다	перегнать	5
巢	cháo	巣	집	гнездо	5
吵	chǎo	喧嘩をする	말다툼하다	ссориться	7
车祸	chēhuò	交通事故	교통사고	автомобильная катастрофа	4
沉重	chénzhòng	重い	무겁다	тяжелый	
趁	chèn	〜のうちに	…빌어서	попутно	3
盛	chéng	盛る	물건을 용기에 담다	положить (рису)	10
成功	chénggōng	成功(する)	성공하다	удача	7
成为	chéngwéi	〜になる	…으로 되다	стать	9
吃苦	chī kǔ	苦労をする	고생하다	страдать	3
充分	chōngfèn	十分	충분하다	достаточный	1
愁	chóu	心配する	근심하다	тосковать	10
出门	chū mén	家を出る	외출하다	выйти	1
初	chū	始めの	초	начало	5
初中	chūzhōng	中学校	초급중학교	средняя школа	8
传	chuán	広まる	전하다	передать	8
吹牛	chuī niú	自慢する	나발을 불다	бахвалиться	1
此外	cǐwài	このほか	이 밖에	кроме того	5
粗粮	cūliáng	雑穀	잡곡	хлебные злаки	10
村（子）	cūnǔziǔ	村	마을	деревня	8
错过	cuòguò	（時機を）失う	놓치다	упустить	10

大胆	dàdǎn	大胆である	용감하다	смелый	9
大方	dàfang	けちくさくない	인색하지 않다	щедрый	10

171

中文	拼音	日本語	한국어	Русский	
大姐	dàjiě	年上の女性を呼ぶ時の敬称	큰누이	старшая сестра	1
大量	dàliàng	大量の；多い	대량의	массовый	4
大妈	dàmā	年上の既婚女性に対する敬称	아주머님	дама	5
大人	dàren	大人	어른	взрослый	4
大嫂	dàsǎo	自分と同年配の既婚女性に対する敬称	큰형수	невестка	2
大约	dàyuē	ほぼ；およそ	대략	примерно	2
单调	dāndiào	変化に乏しい	단조롭다	монотонный	8
单位	dānwèi	勤務先	단위	единица	10
胆	dǎn	胆嚢	쓸개	смелость	10
当……时	dāng……shí	～の時に	…을 때	когда	8
当时	dāngshí	その時	당시	в то время	6
到达	dàodá	到着する	도달하다	достить	1
到底	dàodǐ	いったい	도대체	до конца	1
道	dào	料理を表す単位	코스	счетное слово	10
道理	dàoli	道理	도리	закон	7
灯	dēng	明かり	등불	лампа	2
电冰箱	diànbīngxiāng	冷蔵庫	전기 냉장고	холодильник	8
电器	diànqì	電気器具	전기 기구	электроаппарат	7
电梯	diàntī	エレベーター	엘리베이터	лифт	8
动心	dòng xīn	心を動かす	마음이 끌리다	растрогаться	6
独立	dúlì	独立する	독립하다	независить	3
独自	dúzì	自分ひとりで	혼자ㅋ	лишний	5
断	duàn	折れる；切る	끊다	разорвать	7
队长	duìzhǎng	隊長	대장	командир	1
对门	duìmén	向かいの家	건너편 집	сосед напротив	2
对于	duìyú	～について；～に対して	대하여	для	3
多余	duōyú	余った	나머지의	лишний	2

而	ér	しかし	그런데	и	4
儿女	érnǚ	子供	자녀	дети	5
二手	èrshǒu	中古の	중고	из вторых рук	2

发愁	fā chóu	困惑する	걱정하다	тосковать	10
发火	fā huǒ	怒り出す	화를 내다	вспылить	4
发票	fāpiào	小切手	영수증	фактура	1
发生	fāshēng	発生する	발생하다	случиться	1
发展	fāzhǎn	発展(する)	발전하다	развивать	2
番	fān	回；度	번	счетное слово	8
凡	fán	およそ；一般に	모두	все	9
反映	fǎnyìng	反映する	반영하다	демонстрировать	3
饭盒	fànhé	弁当	도시락	коробка для еды	10
方面	fāngmiàn	方面	분야	аспект	2
房屋	fángwū	家屋；家	건물	квартира	2
房子	fángzi	家	집	квартира	2
仿佛	fǎngfú	まるで～のようだ	마치…인 듯하다	подобно	6
放弃	fàngqì	放棄する	포기하다	отказываться	7
放松	fàngsōng	リラックスする	느슨하게 하다	ослабить	4
放映	fàngyìng	映写する	상영하다	демонстрировать	8
费	fèi	（金銭・労力・時間などが）かかる	낭비하다	тратить	2
份	fèn	（書類・仕事など）を数える単位	분(공작)	экземпляр	6
丰富多彩	fēngfù duōcǎi	多種多様である	풍부하고 다채롭다	богатый	5

风味	fēngwèi	特色	특색	вкус	10
缝纫机	féngrènjī	ミシン	재봉틀	швейная машина	8
付出	fùchū	払う	치르다	платить	7
妇女	fùnǚ	女	부녀	дама	1
负担	fùdān	負担(する)	부담(하다)	нагрузка	4
复印	fùyìn	印刷する	복사하다	копировать	7

G

改变	gǎibiàn	変化する	변하다	изменять	6
改革	gǎigé	改革(する)	개혁(하다)	реформа	3
改善	gǎishàn	改善する	개선하다	улучшать	9
盖	gài	覆いかぶせる	덮다	крыть	10
感到	gǎndào	感じる	느끼다	чувствовать	5
感动	gǎndòng	感動する	감동하다	трогать	10
感激	gǎnjī	感謝する	감격하다	благодарить	10
感慨	gǎnkǎi	感慨(する)	감개(하다)	переживать	8
感受	gǎnshòu	感じる(こと)	감수(하다)	чувствовать	3
干部	gànbù	幹部	간부	кадры	10
钢琴	gāngqín	ピアノ	피아노	пианино	4
革命	gémìng	革命する	혁명하다	революция	2
格外	géwài	特に	특별히	особенно	1
个体	gètǐ	個人経営	개체	особь	6
各种	gèzhǒng	各種	여러 가지	разнообразность	4
根据	gēnjù	～によれば	…을 따르다	согласно	2
工	gōng	労働者	노동자	рабочий	10
工厂	gōngchǎng	工場	공장	завод	10
工资	gōngzī	給料	임금	заработок	6
公交	gōngjiāo	公共交通	버스	автобус	1

功课	gōngkè	授業；成績	공부	урок	4
姑娘	gūniang	若い女性	아기씨	девушка	5
鼓励	gǔlì	激励(する)	격려(하다)	поощрять	6
固定	gùdìng	固定(する)	고정시키다	постоянно	8
顾客	gùkè	顧客	고객	покупатель	6
光	guāng	ただ；だけ	단지	только	9
过程	guòchéng	過程	과정	процесс	5
过年	guò nián	正月を迎える	새해를 맞다	встречать Новый год	9
过瘾	guò yǐn	十分に満足する	신나다	насладиться	10

行	háng	職業	직업	профессия	1
好容易	hǎoróngyì	やっとのことで	아주 힘들게	с большим трудом	9
合同	hétong	契約	계약ᄒ	контракт	2
盒	hé	箱入りのものを数える単位	그릇	коробка	10
黑暗	hēi'àn	暗い	어둡다	черный	2
黑板	hēibǎn	黒板	칠판	классная доска	8
红包	hóngbāo	赤い紙でお金をくるんだ包み	보너스	приношение в конвертах	6
后悔	hòuhuǐ	後悔する	후회하다	раскаяться	4
呼吸	hūxī	呼吸(する)	숨쉬다	дышать	4
化妆品	huàzhuāngpǐn	化粧品	화ᄀ장품	косметика	9
怀疑	huáiyí	疑い	의심(하다)	сомневаться	3
幻灯	huàndēng	スライド	환등	проекционный фонарь	8
回报	huíbào	報いる	보답하다	отплатить	7
回头	huítóu	後で	잠시 후에	пока	4
活儿	huór	仕事	일	труд	9

火	huǒ	ブームになっている	인기가 있다	горячий	3
伙伴	huǒbàn	仲間	친구	партнер	4

J

激动	jīdòng	感動(する)	감격하다	волноваться	6
激烈	jīliè	激しい	격렬하다	бурный	7
饥饿	jī'è	飢餓	배가 고프다	голод	10
积累	jīlěi	積み重ねる	쌓이다	умножить	6
机械	jīxiè	機械	기계	машина	7
即使…… 也……	jíshǐ…… yě……	たとえ～ても	…일지라도	даже	3
急诊	jízhěn	急診	급진/응급 진료	экстренный вызов	1
集体	jítǐ	集団	단체	коллектив	5
季	jì	季	철	сезон	9
计价器	jìjiàqì	（タクシーの）料金メーター	미터기	таксометр	1
计算机	jìsuànjī	コンピューター	계산기	компьютер	7
记忆	jìyì	記憶(する)	기억(하다)	воспоминания	8
加快	jiākuài	速める	빠르게 하다	ускорить	5
家教	jiājiào	家庭教師	가정교육	домашнее воспитание	4
家庭主妇	jiātíng zhǔfù	家庭主婦	가정주부	домохозяйка	10
家乡	jiāxiāng	ふるさと	고향	родина	5
家长	jiāzhǎng	父兄；両親	가장；보호자	родитель	4
架	jià	支えのついたものや機械を数える単位	대	счетное слово	4
价钱	jiàqián	値段	가격	цена	2
煎	jiān	鍋に少量の油を入れて焼く	부치다	жарить	10
坚强	jiānqiáng	強固な	굳세다	твердый	3

简历	jiǎnlì	略歴	이력서	резюме	6
减轻	jiǎnqīng	軽くする	경감하다	облегчить	4
建立	jiànlì	打ち立てる	건립하다	создать	5
建设	jiànshè	建設(する)	건설(하다)	строить	5
健身	jiànshēn	フィットネス	보디 빌딩	физкультура	9
将	jiāng	間もなく～しようとする	…일 것이다	в будущее	5
降温	jiàng wēn	気温が下がる	온도를 내리다	понижение	3
教材	jiàocái	教材	교재	учебник	6
教育	jiàoyù	教育(する)	교육(하다)	образование	3
接触	jiēchù	接触する	접촉하다	связаться	1
接近	jiējìn	近づく	접근하다	близиться	7
接着	jiēzhe	続いて	이어서	следить	2
节	jié	いくつかの区切りに分けられるものを数える単位	절	счетное слово	4
结果	jiéguǒ	その結果	끝내	на конце концов	4
解放	jiěfàng	解放する	해방하다	освободить	4
解释	jiěshì	解釈(する)	해석(하다)	обьяснить	1
届	jiè	卒業の年度を数える単位	년	счетное слово	7
紧	jǐn	ひっきりなし	죄다	тесный	9
紧张	jǐnzhāng	忙しい	긴장하다	напряженный	3
尽	jìn	尽きる	되도록…하다	прилагать	3
近年	jìnnián	近年	근년	недавно	5
进行	jìnxíng	行う	진행하다	вести	2
进一步	jìnyībù	さらに；いっそうに	가일층	дальнейший	6
经过	jīngguò	経過(する)	…한 후에	течение	6
经历	jīnglì	経験(する)	경험(하다)	испытать	6
经验	jīngyàn	経験	경험	опыт	6
惊讶	jīngyà	驚く	놀랍다	удивленный	8

精彩	jīngcǎi	すばらしい	멋지다	прекрасный	1
精力	jīnglì	精力	정력	энергия	5
精心	jīngxīn	心を込めた	정신들이다	тщательный	7
颈	jǐng	首	목	шея	9
竞争	jìngzhēng	競争する	경쟁하다	соперничать	4
镜子	jìngzi	鏡	거울	зеркало	8
纠正	jiūzhèng	直す	교정하다	исправлять	6
究竟	jiūjìng	いったい	도대체	все же	8
揪	jiū	しっかりつかむ	붙잡다	схватить	9
旧	jiù	古い	낡다	старый	2
舅舅	jiùjiu	おじさん	외삼촌	брат матери	7
救命	jiù mìng	命を助ける	생명을 구하다	спасти жизнь	1
就业	jiùyè	就業する	취업하다	приступить к работе	6
居民	jūmín	住民	거주자	житель	2
据说	jùshuō	～によれば	말하는 바에 의하면	как говорят	8
具体	jùtǐ	具体的な	구체적인	конкретный	2
决心	juéxīn	決意(する)	결심	решиться	4

开放	kāifàng	開放する	개방하다	открыть	3
开关	kāiguān	スイッチ	스위치	включатель	2
开朗	kāilǎng	明るい	명랑하고 낙관적이다	веселый	5
开业	kāi yè	開業する	개업하다	начать торговлю	6
开支	kāizhī	支出	지출	расходы	7
烤	kǎo	焼く	쬐다	жарить	9
考虑	kǎolǜ	考える	고려하다	думать	3
克	kè	グラム	그램	счетное слово	10
克服	kèfú	克服する	극복하다	преодолеть	3
刻苦	kèkǔ	一生懸命	각고	упорный	4

课程	kèchéng	課程	과정	предмет	7
空	kōng	空っぽである	비다	пустой	5
空调	kōngtiáo	エアコン	에어컨	кондиционер	8
口味	kǒuwèi	（食べ物に対する）好み	기호	вкус	10
夸奖	kuājiǎng	褒める	칭찬하다	хвалить	6
会计	kuàijì	経理	회계	бухгалтер	7
困难	kùnnan	困難である	곤란하다	трудный	5
扩大	kuòdà	拡大する	확대하다	расширять	9

拦	lán	止める	가로막다	задерживать	1
劳动	láodòng	労働(する)	노동(하다)	трудиться	5
老百姓	lǎobǎixìng	民衆	백성	простой народ	8
老年	lǎonián	年寄り	노년	старость	5
老外	lǎowài	外国人	외국인	иностранный человек	3
乐观	lèguān	楽観的	낙관하다	оптимистический	7
类	lèi	種類	류	вид	7
里面	lǐmiàn	中；内側	안	внутри	10
理解	lǐjiě	理解する	이해하다	понимать	3
理由	lǐyóu	理由	이유	причина	1
连……都……	lián……dōu……	～さえも	…조차도	даже	3
料理	liàolǐ	料理	요리	еда	10
邻居	línjū	となり；近所の人	이웃집	сосед	2
灵	líng	すばらしい；敏感である	예민하다	живой	1
铃	líng	ベル	방울	звонок	8

另外	lìngwài	別の；ほかの	그 밖에	кроме того	1
楼道	lóudào	（ビルの）廊下	복도	коридор	2
路线	lùxiàn	線路	노선	маршрут	1
缕	lǚ	細い糸状のものを数える単位	가닥	счетное слово	9
乱	luàn	乱れている	어지럽다	беспорядочный	9
落后	luòhòu	遅れる	뒤떨어지다	отстать	4

卖力气	mài lìqi	一生懸命努力する	전심전력하다	стараться изо всех сил	1
满足	mǎnzú	満足する	만족하다	удовлетворить	2
美发师	měifàshī	美容師	미용사	парикмахер	9
美容	měiróng	美容	미용	косметика	9
美食	měishí	おいしい食べ物	미식	деликатес	10
美术	měishù	美術	미술	художество	4
门	mén	学科・技術を数える単位	과목	счетное слово	4
梦想	mèngxiǎng	夢	몽상(하다)	мечта	8
面	miàn	平たいものを数える単位	개	счетное слово	8
面对	miànduì	直面する	직면하다	стоять лицом к	4
面临	miànlín	直面する	대면하다	стоять перед	5
面前	miànqián	前	앞	перед	4
面试	miànshì	面接試験する	면접시험(하다)	экзаменовать	7
描述	miáoshù	描写(する)	서─술(하다)	описать	9
摸	mō	触る	더듬다	дотронуться	2
末	mò	末；最後	끝	конец	3
陌生	mòshēng	よく知らない	생소하다	незнакомый	3

目的地	mùdìdì	目的地	목적지	цель	1

哪怕	nǎpà	たとえ～としても	비록	пусть	7
耐心	nàixīn	根気がよい	인내성 있다	терпеливый	9
难受	nánshòu	つらい；苦しい	참을 수 없다	неудобный	10
腻	nì	脂っこい	느끼하다	жирный	10
年代	niándài	年代	연대	год	8
年纪	niánjì	年齢	나이	возраст	3
拧	nǐng	ひねる	짜다	отвернуть	9
农村	nóngcūn	農村	농촌	деревня	5
女性	nǚxìng	女性	여성	женский пол	9

培养	péiyǎng	養成する	배양하다	воспитать	4
喷	pēn	吹きかける	내뿜다	брызгать	9
皮肤	pífū	皮膚	피부	кожа	9
贫穷	pínqióng	乏しい	가난하다	бедный	10
平方米	píngfāngmǐ	平方メート	평방미터	квадратный метр	2
平静	píngjìng	安定する	안정되다	спокойный	6
破产	pò chǎn	倒産する	파산하다	обанкротиться	6
普遍	pǔbiàn	普遍的	보편적이다	всеобщий	3

妻子	qīzi	妻	아내	жена	9

期望值	qīwàngzhí	期待値	기대치	надежда	3
其他	qítā	ほかの	기타	остальный	7
其余	qíyú	はかの	나머지	остальный	7
企业	qǐyè	企業	기업	предприятие	6
签	qiān	サインする	서―명하다	подписать	2
谦虚	qiānxū	謙虚(する)	겸허하다	скромный	6
前途	qiántú	将来	전도	перспектива	5
亲戚	qīnqi	親戚	친척	родные	6
清淡	qīngdàn	あっさりしている	담백하다	жидный	10
请客	qǐngkè	ご馳走をする	한턱 내다	угощать	3
求	qiú	頼む	구하다	просить	7
求职	qiú zhí	仕事を探す	직업을 구하다	искать работу	7
圈	quān	回り	고리	счетное слово	9
劝	quàn	勧める	권하다	убеждать	6
劝说	quànshuō	説得する	설득하다	убеждать	9
缺	quē	欠ける	결석하다	недоставать	1
缺乏	quēfá	足りない	부족하다	недоставать	7
缺少	quēshǎo	足りない	모자라다	не хватать	9
却	què	～のに	그러나	но	2

热	rè	ブームになる	인기	подъем	3
热门	rèmén	ブームになる	인기 있음	широкопопулярный	7
人口	rénkǒu	人口	인구	население	5
任务	rènwu	任務	임무	задача	4
扔	rēng	捨てる	버리다	бросать	7
日常	rìcháng	日常的	일상의	повседневный	9
日子	rìzi	暮らし	날짜	день жизнь	6
肉	ròu	肉	고기	мясо	10

如何	rúhé	どう	어떻게	как	4
如今	rújīn	今のところ	오늘날	сейчас	10

刹车	shāchē	ブレーキをかける	차를 세우다	тормозить	1
商家	shāngjiā	商店；経営者	상가	торговец	9
少	shào	若者	적다	молодежь	5
舍不得	shěbude	使うことを惜しむ	아까워하다	жалко	10
社会	shèhuì	社会	사회	общество	4
社区	shèqū	コミュニティー	지역사회	микрорайон	6
设施	shèshī	施設	시설	мероприятия	2
慎重	shènzhòng	真剣に	신중하다	осторожный	7
生产	shēngchǎn	生産(する)	생산(하다)	производить	5
生动	shēngdòng	生き生きする	생생하다	живой	9
声调	shēngdiào	声調	어조	тон	1
升	shēng	上がる	오르다	поднимать	8
升学	shēng xué	進学する	진학하다	поступить	4
师傅	shīfu	運転手	선생	мастер	1
湿	shī	湿っている	젖다	сырой	9
食	shí	食；食べ物	식	продукт	10
实习	shíxí	実習する	실습하다	практиковаться	6
实现	shíxiàn	実現する	실현하다	реализовать	3
实用	shíyòng	実用的	실제적인	практический	7
使	shǐ	～に～させる	시키다	командовать	5
使劲儿	shǐ jìnr	力を入れる	힘을 쓰다	изо всех сил	8
始终	shǐzhōng	終始	끝내	всегда	3
室	shì	室	실	комната	1
是否	shìfǒu	～であるかどうか	…인지 아닌지	ли	1
适应	shìyìng	適応する	적응하다	отвечать	3

收获	shōuhuò	収穫(する)	수확(하다)	получить	6
首	shǒu	詩や歌を数える単位	곡	счетное слово	5
手表	shǒubiǎo	腕時計	손목시계	наручные часы	8
手工	shǒugōng	手作り	수공	ручной	8
手指	shǒuzhǐ	指	손가락	палец	4
熟	shú / shóu	よく知っている	친숙하다	знакомый	3
熟悉	shúxī	よく知っている	숙지하다	знакомить	1
束	shù	束ねたものを数える単位	다발	счетное слово	1
数	shù	数	수	цифра	3
数量	shùliàng	数量	수량	количество	5
数学	shùxué	数学	수학	математика	4
顺利	shùnlì	順調に	순조롭다	успешный	2
顺手	shùnshǒu	無造作に	하는 김에	успешно	9
顺着	shùnzhe	～に沿う	…에 따라	по	1
说明	shuōmíng	説明(する)	설명(하다)	обьяснить	1
算是	suànshì	どうやら；ともかく	을 셈이다	считается что	6
所有	suǒyǒu	あらゆる	모든	все	8

抬	tái	上げる	들어올리다	поднимать	4
弹	tán	弾く	치다	играть	4
讨论	tǎolùn	討論する	토론하다	обсуждать	7
套	tào	家を数える単位	동 (양사)	счетное слово	2
特长	tècháng	特長	특장	способность	4
特殊	tèshū	特殊な	특수하다	особый	1
提供	tígōng	提供する	제공하다	поставить	9
提前	tíqián	前もって	앞당기다	быть досрочным	10

题目	tímù	テーマ	제목	тема	4
体会	tǐhuì	体得(する)	체득(하다)	впечатление	3
体系	tǐxì	体系	체계	система	5
铁	tiě	鉄	쇠	железный	10
通	tōng	分かる	통달하다	понять	6
……通	……tōng	ある事情に明るい人	통(어미)	знаток	8
童年	tóngnián	少年時代	어린 시절	детство	4
统计	tǒngjì	統計(する)	통계(하다)	статистика	2
痛苦	tòngkǔ	苦しみ	고통스럽다	мучный	9
痛快	tòngkuai	気持ちがよい	통쾌하다	веселый	10
偷偷	tōutōu	こっそり	남몰래	тайком	10
头儿	tóur	先端	끝	конец	1
头皮	tóupí	頭の皮膚	두피	затылок	9
投入	tóurù	投入(する)	투입(하다)	вложить	8
推出	tuīchū	(新しいもの)出す	내놓다	подтолкнуть	9

外教	wàijiào	外国人の先生	외국 국적 교원	иностранный преподаватель	5
外语	wàiyǔ	外国語	외국어	иностранный язык	4
完成	wánchéng	完成(する)	완성하다	окончить	4
完善	wánshàn	完全である	완전하다	улучшать	5
玩具	wánjù	玩具	장난감	игрушка	4
晚年	wǎnnián	晩年	노년	старость	5
往往	wǎngwǎng	いつも	자주	часто	6
望子成龙	wàng zǐ chéng lóng	息子の出世を願う	아들이 훌륭한 인물이 되기를 바라다	стремиться сделать из своего сына выдающего человека	4

委屈	wěiqu	不満である	억울하다	обидный	4
未来	wèilái	未来	미래	будущее	3
温暖	wēnnuǎn	暖かい	따뜻하다	теплый	2
无	wú	～ない；～存在しない	없다	не иметь	6
无所谓	wúsuǒwèi	どちらでもかまわない	상관없다	все равно	9
舞蹈	wǔdǎo	ダンス	춤；춤추다	танец	4
物质	wùzhì	物質	물질	материя	5
误	wù	妨げる；邪魔する	지체하다	напортить	1
误会	wùhuì	誤解(する)	오해(하다)	неправильно понять	8

吸引	xīyǐn	引きつける	흡인하다	увлекать	9
稀罕	xīhan	珍しい	희한하다	странный	10
洗衣机	xǐyījī	洗濯機	세탁기	стиральная машина	8
吓	xià	びっくりさせる	놀라게 하다	пугать	1
下岗	xià gǎng	勤務を終える	퇴근하다	уходить с поста	6
下棋	xià qí	将棋を指す	장기를 두다	играть в шахматы	5
先进	xiānjìn	進んでいる	선진적이다	передовой	8
显得	xiǎnde	いかにも～に見える	…인 것처럼 보이다	казаться	7
县城	xiànchéng	町	현성	уезд	8
现代	xiàndài	現代	현대	современность	8
限制	xiànzhì	制限(する)	한정(하다)	ограничить	7
羡慕	xiànmù	うらやむ	부러워하다	завидовать	4
乡村	xiāngcūn	田舎	시골	деревня	8
相反	xiāngfǎn	逆になる；その反対	반대되다; 오히려	наоборот; противоположный, обратный	3,10

响	xiǎng	鳴る	소리를 내다	звонить	8
享受	xiǎngshòu	享受(する)	향수하다	наблюдать	2
向	xiàng	方向	방향	сторона	2
心爱	xīn'ài	お気に入りの；大切な	애지중지하다	любимый	4
心理	xīnlǐ	心理	심리	психология	4
心眼儿	xīnyǎnr	心根	마음씨	душа	1
行李	xíngli	荷物	행장	багаж	9
兄弟姐妹	xiōngdìjiěmèi	兄弟姉妹	형제자매	братья и сестры	10
需要	xūyào	必要である	필요(하다)	требоваться	5
选择	xuǎnzé	選択(する)	선택(하다)	выбрать	7
学问	xuéwen	学問	학문	знание	6
迅速	xùnsù	非常に速い	신속하다	быстрый	5

压力	yālì	圧力	압력	давление	4
严格	yángé	厳格である	엄격하다	строгий	7
严厉	yánlì	厳しい	준엄하다	строгий	4
眼睛	yǎnjing	目	눈	глаза	1
眼泪	yǎnlèi	涙	눈물	слеза	4
洋	yáng	外国の	양	иностранный	10
养	yǎng	養う	봉양하다	кормить	5
腰	yāo	腰	허리	поясница	4
摇	yáo	振れ動かす	젓다	качать	10
钥匙	yàoshi	鍵	열ㄱ쇠	ключ	2
野菜	yěcài	野生植物	산나물	съедобные травы	10
一辈子	yībèizi	一生	평생	вся жизнь	10
一来…… 二来……	yīlái…… èrlái……	一つには～二つには～	첫째로…고…둘째	во-первых во-вторых	2

一切	yīqiè	すべての	모든	все	6
一些	yīxiē	少し	조금	немного	1
依靠	yīkào	頼る	의지(하다)	опираться	6
仪式	yíshì	儀式	의식	церемония	6
以来	yǐlái	〜してから	이래	со времени	3
以上	yǐshàng	以上	이상	выше	5
亿	yì	憶	억	сто миллионов	5
应聘	yìngpìn	召請に応じる	초빙하다	принять приглашение	6
应用	yìngyòng	応用する	응용하다	применить	7
优惠	yōuhuì	特恵の	특혜의	льгота	2
优良	yōuliáng	優れている	우량하다	отличный	3
优势	yōushì	優勢	우세	преимущество	7
由	yóu	〜よって	…에	от	6
犹豫	yóuyù	迷っている	망설하다	колебаться	6
有利	yǒulì	有利的	유리하다	выгодный	7
有限	yǒuxiàn	限りがある	유한하다	ограниченный	6
娱乐	yúlè	娯楽	오락	развлечение	1
与	yǔ	〜と共に；と	…와(과)	и	7
语文	yǔwén	国語	언어와 문자	грамотность	4
语言	yǔyán	言語	언어	язык	3
预订	yùdìng	予約する	예약하다	заказывать	10
原谅	yuánliàng	許す	용서-하다	простить	1
愿望	yuànwàng	願望	소원	желание	5
约	yuē	約	대체로	около	5

| 赞成 | zànchéng | 賛成する | 동의하다 | согласиться | 7 |
| 早晨 | zǎochen | 朝 | 아침 | утро | 1 |

增加	zēngjiā	増える	늘리다	повысить	3
占	zhàn	占める	차지하다	занимать	5
招聘	zhāopìn	募集する	초빙하다	контрактовать	6
招手	zhāo shǒu	手を上げる	손을 흔들다	манить рукой	1
照例	zhàolì	いつもどおり	관례에 따라	как правило	2
折磨	zhémó	苦しめる	구박(하다)	мучить	9
珍惜	zhēnxī	大切にする	진귀하게 여겨 아끼다	беречь	4
真正	zhēnzhèng	本当に；確かに	진정하다	точный	3
镇	zhèn	(県の下に位する行政区画単位)鎮	소읍	поселок	8
整个	zhěnggè	全体；全部	전체	весь	7
证	zhèng	証明書	증거	свидетельство	2
挣	zhèng	稼ぐ	벌다	зарабатывать	2
政府	zhèngfǔ	政府	정부	правительство	5
之后	zhīhòu	〜してから	…후	потом	3
……之一	……zhīyī	〜の一つ	…의 하나	один из	8
支持	zhīchí	支持(する)	지지(하다)	держаться	6
直到	zhídào	〜になるまで	…까지	вплоть до	2
值得	zhídé	〜する値打ちがある	…할 만한 가치가 있다	стоить	3
职工	zhígōng	従業員	종업원	служащие	6
职业	zhíyè	職業	직업	профессия	6
指	zhǐ	意味する	가리키다	иметь в виду	5
指导	zhǐdǎo	指導する	지도하다	руководить	7
制造	zhìzào	生産する	제조하다	создавать	7
中年	zhōngnián	中年	중년	средний год	1
钟	zhōng	時計	종	часы	8
重视	zhòngshì	重視する	중시하다	дорожить	3
逐渐	zhújiàn	だんだん	점차	постепенно	3
嘱咐	zhǔfù	言いつける	분부하다	велеть	5
住宅	zhùzhái	住宅	주택	квартира	2

助人为乐	zhù rén wéi lè	人助けを自分の喜びとすること	남을 돕는 것을 기쁘게생각하다	помогать друг другу	1
抓	zhuā	つかむ	잡다	ухватить	9
装修	zhuāngxiū	飾り付ける	내부 장치	отделать	2
状况	zhuàngkuàng	状況	상황	ситуация	8
追求	zhuīqiú	追求する	추구하다	гнаться	5
准时	zhǔnshí	時間通り	시간을 정확히 지키다	вовремя	8
着手	zhuóshǒu	取り付ける	착수하다	начать	7
子女	zǐnǚ	子供	자녀	дети	8
自动	zìdòng	自動的	자동적이다	авто	2
自费	zìfèi	自費する	자비	за свой счет	3
自行车	zìxíngchē	自転車	자전거	велосипед	8
自由	zìyóu	自由	자유롭다	свободный	5
总	zǒng	いつも	전체의	общий	5
总结	zǒngjié	まとめる	총괄(하다)	обобщить	8
总算	zǒngsuàn	やっとのことで	마침내	все же	6
租	zū	賃貸しする	세놓다	арендовать	2
祖国	zǔguó	祖国	조국	родина	3
尊敬	zūnjìng	尊敬する	존경하다	уважать	5
作者	zuòzhě	作者	작자	автор	3

Proper Names

A

澳大利亚	Àodàlìyà	オーストラリア	호주	Австралия	3

B

比萨饼	Bǐsàbǐng	(料理)ピザ	피자	пицца	10

C

重阳节	Chóngyáng Jié	重陽節(旧暦の9月9日)	중양절	Праздник двойной девятки	5

F

福建	Fújiàn	福建省	복건성	Фуцзянь	7

G

广东	Guǎngdōng	广东省	광동성	Гуандун	10

K

| 肯德基 | Kěndéjī | ケンタッキーフライドチキン | 켄터키프라이드치킨 | Кентукки | 10 |

M

| 麦当劳 | Màidāngláo | マクドナルド | 맥도날드 | Макдональдс | 10 |

Z

| 中华 | Zhōnghuá | 中華 | 중화 | Чжунхуа | 10 |